U0588738

融身于教，融学于境

——小学数学课堂教学研究与探索

王秀萍 ◎ 著

吉林人民出版社

图书在版编目（CIP）数据

融身于教，融学于境：小学数学课堂教学研究与探索 / 王秀萍著. — 长春：吉林人民出版社，2023.9
ISBN 978-7-206-20362-6

Ⅰ.①融… Ⅱ.①王… Ⅲ.①小学数学课—课堂教学—教学研究 Ⅳ.①G623.502

中国国家版本馆CIP数据核字（2023）第195601号

融身于教，融学于境——小学数学课堂教学研究与探索
RONG SHEN YU JIAO，RONG XUE YU JING——XIAOXUE SHUXUE KETANG JIAOXUE YANJIU YU TANSUO

著　　者：王秀萍　　　　　　封面设计：李　娜
责任编辑：门雄甲
吉林人民出版社出版发行（长春市人民大街7548号　　邮政编码：130022）
印　　刷：北京政采印刷服务有限公司
开　　本：787mm×1092mm　　1/16
印　　张：9.5　　　　　　字　　数：140千字
标准书号：ISBN 978-7-206-20362-6
版　　次：2023年9月第1版　　印　　次：2023年9月第1次印刷
定　　价：58.00元

目 录
CONTENTS

教 学 理 论

浅谈"具身认知"在小学低段数学教学中的应用…………………………… 2

小学数学阅读教学与评价探究 …………………………………………… 8

"数学画"在小学低年级数学教学中的思考 ………………………………… 12

图文并茂话数学，思维可视现真知 …………………………………………… 16

"双减"背景下小学数学高效课堂构建的思考 ……………………………… 22

深度学习视角下小学数学课堂提问研究 …………………………………… 30

大概念下引领小学数学单元整体教学策略研究 …………………………… 37

基于学科融合的小学数学项目化学习策略 ………………………………… 45

教 学 课 例

"分数的初步认识"教学 ……………………………………………………… 54

"圆的认识"教学 ……………………………………………………………… 68

"求一个数的几分之几是多少"解决问题例谈 ……………………………… 87

"求一个数是另一数的百分之几"教学 ……………………………………… 96

"最大公因数"教学 ………………………………………… 101

"三角形的认识"教学 ……………………………………… 108

"认识人民币"教学 ………………………………………… 116

"克与千克"教学 …………………………………………… 124

"观察物体"教学 …………………………………………… 132

"一个数乘分数"说课 ……………………………………… 139

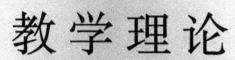

教学理论

浅谈"具身认知"在小学低段数学
教学中的应用

　　随着现代化教育理念的发展，我们可以发现大家越来越重视教育实践的教学活动，如游戏活动、情境活动、生活活动等。这实际上是由原本的"离身"向"具身"转变的过程。学生学习不再停留于文本的表面，而是向自主探究发展，形成一种深度学习。小学低年级的学生，其抽象性思维发展不够成熟，在面对逻辑思维较强的数学知识时，经常会出现理解困难、探究毫无方向等状况，使得小学低年级数学的教学效率与质量始终停滞不前。而"具身认知"便可以通过身体、环境、认知三个方面的互动与交互作用，使学生充分感知知识，以全身心的力量理解知识，从而切实提高学生的数学学习能力。

一、构建"具身认知"情境，增强学生学习动机

　　尼采曾经说过："身体乃是比陈旧的灵魂更令人惊异的思想。"具身认知理论认为，思想根植于身体之中，因此想要调动学生的思想，必定要关注学生的身体认知，此时教师便可以为其创设一个合理的情境，使得学生全身心地投入其中，不仅能够根据情境内容增强学生的学习动机，也能够充分地调动学生的感官去感知知识，从而提高学生的数学理解能力。那么教师如何构建"具身认知"情境？首先要在传统的情境教学基础上进

行优化，该情境不仅要对学生的视觉与思维产生影响，而且要尽量调动学生的肢体，使其发挥全部的身体感知力；其次教师要结合教学内容、小学低年级学生的生长发展规律等实际情况进行分析，选择一个合适、恰当的情境内容，帮助学生积极主动地投身情境之中；最后教师可以从兴趣的角度出发，选择一些适合的话题与学生进行交流，进一步调动学生的学习动机，使其思考方向更有针对性与深刻性，培养学生的数学思维能力。

例如：一年级的学生开始认识图形，倘若教师只是单纯地将各种图形进行排列，让学生强制性地记忆每个图形的名字，很多学生不仅会感到枯燥，产生学习的抵触心理，还会降低学生的学习质量，甚至使学生对数学学习失去兴趣。为此，教师基于"具身认知"构建一个情境。首先教师在教室为学生展示多种生活用品，吸引学生的注意力，比如铅笔盒、足球、饭盒、水杯、房屋模型等，此时不仅要向学生介绍这些物品，还要与学生进行互动，使得课堂氛围更加热烈。紧接着，教师再将图形模型拿出来，并向学生提问："大家看一下，水杯和哪一个图形相似呢？"学生纷纷指向圆柱模型，教师提问多次之后，再向学生依次讲解图形的名称，并做出一定的解释，如"长方体是一个立体图形，它的长宽高都不是相等的"。此时再搭配上生活用品，学生很容易在脑海中形成一个连接，从而加强对知识的认知与记忆。最后，教师再将其他模型与道具分给学生，让学生快速地找到对应的图形，既锻炼了学生的动手能力，也检验了学生的学习成果。

二、组织"具身认知"探究，提高学生学习能力

在传统的小学数学课堂中，教师依照教材内容进行讲解。首先让学生进行课本预习，此时学生会提前在脑海中形成既定的印象，直接掌握了数学结果，而不是通过推理与探究之后得出的结果，因此学生的数学探究能力相对薄弱。针对这一问题，教师可以从"具身认知"理论中找到解决对策。"具身认知"倡导教师在课堂教学中要引导学生用眼睛进行

数字观察、用耳朵倾听数学知识、用嘴巴表达自己的想法与观点，整个过程都是一种实际的感知，再加上数学是一门需要学生亲自观察与探究的学科，因此教师需要通过多种教学手段，找准学生具身认知的起点，从观察与探究的角度进行设计，从而有效地引导学生进行探究，帮助学生在课堂中形成爱观察、爱探究的良好学习习惯，切实提高学生的数学学习能力。

例如：教师在教学《角的初步认识》时，为了让学生能够形成角的正确表象、知道角的各个部分名称，初步学会用直尺画角，并在画角的过程中自观感知理解角的大小与边的长短无关。为此，教师带领学生一同从角的分类开始探究，帮助学生理解"什么是角"，然后再引导学生进行角的绘画。此时教师与学生需要先准备直尺、白纸、铅笔等材料，并根据步骤画角：第一，确定一个中心点，一条边；第二，根据自己想要的角的大小，绘制另一条边，形成一个角。需要注意的是，角的边长需要用直尺对比画制，否则角的边会"弯曲"。此时教师可以提出一个问题，引导学生进行探究："角的大小各不相同，那么我们如何区分呢？"学生听到问题后，将肉眼可见的、大小相似的角进行归类，统一分为了"大角"与"小角"。紧接着教师便问道："那么如何区分大角与小角？"学生此时找不到一个统一标准，教师便提出了"直角"。经过提示，学生很快便说明："我们可以将直角作为界线，比直角大的角归为一类，比直角小的角归为一类。"如此学生已经可以区分"锐角、直角、钝角"。此外，教师再引导学生根据自己所掌握的知识进行练习，如利用剪刀制作出各种不同的三角形，并为其分类。学生可以通过实践练习的机会，再次巩固自己的探究结果，同时也能够调动全身的力量来理解三角形的知识，最终深刻地印在脑海中。

三、创设"具身认知"活动，推动学生综合发展

身体思维是一个调动身体形成记忆的过程，它可以帮助学生进一步

理解与探究知识，同时也能够使学生对知识的认知更加深刻。在"具身认知"中，教师为学生设计相关的教学活动，不仅让学生的数学思维得到发展，也会使学生整个肢体被调动，全身心地融入教学活动中，不仅提高了学生的数学认知，也使学生的数学实践能力、人际交往能力等得到发展，促进学生数学综合素养的提升。教师在创设认知活动时，首先需注意活动方式与教学内容要相契合，使学生在教学活动中能够有良好的学习体验；其次教师要时刻观察学生的活动思维，一旦出现偏颇与错误，要及时引导学生朝着正确的方向进行发展；最后教师在整个过程中要参与其中，既要为学生树立典范，调动学生教学活动的参与积极性，也要为学生活动探究保驾护航，把控好时间和进度，有效地提高学生的数学学习能力。

在小学二年级阶段，学生要掌握"数据收集与整理"等知识，首先引导学生进行课本阅读，初步了解数据收集与整理的相关方法与信息。比如：数据收集可以通过举手表决、问卷调查、访谈等方式，数据整理需要根据数据所呈现的倾向进行分析，然后选择合适的表现形式将数据进行展示，使人们能够直观地了解相关内容，并根据数据回答一些问题。其次，当学生掌握这些内容之后，教师便可以为学生设计一个学习活动。活动任务：学校要开展一项活动，需要大家调查一下，运动会、书法活动、阅读活动、科技竞赛、百科常识竞赛五个项目中，哪一个更受学生的喜欢。在调查之前，教师将学生们平均分为五个小组，每个小组共有6人，大家齐心协力，分工协调，共同完成数据收集。在整个过程中，学生全身心都需要"动起来"，为活动任务而"奔跑"，使得身体思维与心智达到统一。而在数据整理的过程中，大家也是各司其职，将大家的回答进行分类，并整理成表格，使人们能够直观地看到调查结果。最后，每个小组成员都需要根据调查结果设计两个数学小问题，使学生的数学思维更进一步地发展。

四、设计"具身认知"评价，深化学生数学认识

"具身认知"理念不仅包含外部情境、探究、活动等创设内容，也包含学生自身的探究与认知。教师需要引导学生进行高位反思，针对自身的学习成果与过程进行深刻反思，从而使学生的学习增添更多的自我底色，对数学知识的认知更加完整。具身性的反思与评价不再依赖教师对学生的评价，更多地需要突出学生的自省，引导学生进行过程性的反思与评价，从而挖掘学生自身的数学学习潜质。此外，"具身认知"评价也能够促进学生进行深度思考与学习，让学生在已有认知的基础上更进一步地思考与体验数学知识，从而提高学生的数学研究能力，并意识到学习数学的价值。

例如：教师在教学《认识图形（二）》的时候，其中涉及七巧板拼图，此时便可以在学生掌握图形相关信息之后，引导学生利用七巧板拼凑出各种各样的图形，既能够帮助教师考查学生的学习成果，也能够使学生在拼凑过程中不断地探究与思考。如何利用七巧板拼凑出自己想要的正方形、长方形、平行四边形或者是一些房屋图形、树木图形等，不仅帮助学生完成了深度学习，也让学生在无形中进行了练习，巩固了自身的学习成果。此外，当学生在拼凑图形时出现各种困难之后，学生也会对自己形成一定的评价，比如："我的基础知识是否不扎实？""我的想法是否错误？""哪一块图形的位置放错了？"这一系列的自我反省式的提问，便会形成具身认知的"评价场"，不仅有效地提升了学生的学习能力，也深化了学生对数学知识的认知。

综上所述，"具身认知"的教育理念突破了学生传统的"上半身活动"。教师需要根据教学内容，在教学中为其创设一个合理、科学、有效的环境场，如情境探究、活动探究、评价等，使得学生能够在此场景中不断地感知知识，从而加深对抽象数学知识的理解。同时教师也要引导学生进行反思与评价，建立对数学知识的深刻认知，最后帮助学生增强自身的

数学学习动机、学习能力，推动学生的全面发展。

参考文献

[1] 陶梦元，韦雪艳.从离身到具身：小学数学概念教学的困境与突破 [J].教育探索，2020（10）：20-23.

[2] 李丽.借"具身认知"之船过"数学理解"的河——以具身认知为基础的小学数学教学研究 [J].数学大世界（中旬），2020（8）：29.

[3] 周钧.具身认知视野观照下的小学数学教学 [J].小学教学研究，2020（7）：77-79.

[4] 陈璇.将"身体思维"植入学生的数学学习中 [J].基础教育研究，2020（2）：19-20.

小学数学阅读教学与评价探究

数学家斯托利亚尔认为，数学教学也就是数学语言的教学。这句话告诉我们，阅读在数学教学中占据重要的位置。长期以来，我们总是把阅读作为语言类学科教学的基本形式，比如语文教学、英语教学、历史教学等。数学虽然以符号进行表达，但是教师在教学中、学生在学习中都离不开对符号背后语言的深度剖析与解读，只有这样才能让学生的数学思维、数学理解能力、数学逻辑能力得到锻炼。随着学习方式的变革，很多学生无法快速适应线上学习的方式，尤其是数学，缺少了教师随时随地的讲解，学生很容易出现理解性的障碍，学生无法梳理与理解数学问题中所包含的信息，导致整个学习过程变得异常艰难。为此，教师与学生都应该关注数学阅读的隐性教育功能，将阅读引入数学课堂中，提高学生的数学阅读能力。

一、在"理解"中阅读与评价

小学生形成数学阅读障碍的主要原因在于不能准确地把握题意，不能理解问题中所包含的各种信息，再加上很多教师的阅读评价不够规范，引导不到位，从而导致学生数学学习能力的发展受到一定阻碍。针对此现象，教师应关注小学数学的教学内容，以文本内容为基础，引导学生阅读数学符号和公式，让学生理解其背后的语言含义，从而有效地探索解题思路，掌握实施步骤，根据数学内容建立深度理解模型，从而提高学生的数学阅读能力。

例如：教师在教授人教版"异分母分数的加减法"时，学生学习"要先通分，再按同分母分数加减法的方法计算"，此时学生们都了解异分母分数的加、减运算法则有两个步骤，但是很多数学能力较弱的学生，在面对"通分"这一专业数学词汇时，并不知其意。此时教师可以先向学生通俗地讲解"通分"的含义，然后让学生在理解的前提下，多次阅读运算法则的内容，让学生在理解的基础上进行巩固与记忆。同时教师也要根据本班学生的表现及时地进行反馈与评价，以引导性较强的评价语，使学生的计算思维能力得到发展，进而加强数学阅读的理解能力。

除此之外，教师在进行阅读教学活动的过程中，不仅要让学生理解数学文本的内容，还要提高学生的数学学习兴趣，使其主动、自主地进行数学问题的探究，研究阅读题目的内容，并对相应的信息进行准确把握。此时教师还要关注自身的评价教育功能。例如：教师可鼓励学生大声朗读，使学生的思维与声音进行融合，以多种感官完成对信息的理解和内化，进一步提高学生的阅读理解能力。再比如，倘若有学生在讲解完毕之后，对知识点还不甚了解，教师可以设置一道问题，然后针对问题抛出线索，并在学生一步一步的回答过程中，对其进行评价引导与鼓励。

二、在"质疑"中阅读与评价

"不怀疑不能见真理""思维是从疑问和惊奇开始的""学者先要会疑"，这些至理名言是大学者在不断探索中总结出的经验，也充分地证明了质疑的重要性。在小学数学课堂中，教师要意识到问题的提出比问题的回答更有价值。因此，教师在引导学生进行数学阅读时，要在质疑中阅读，让学生根据自身的经验，提出对阅读内容的质疑，不仅能够促进学生数学思维的发展，使学生进一步理解数学文本的内容，同时也能够帮助学生形成探究兴趣，不断地增强学生的数学学习动力。此外，教师在数学阅读中也要关注教学方式与评价的启发性，让学生在阅读中敢质疑、能质疑、会质疑。

例如：教师在教学"被除数和除数同时乘或除以一个相同的数（数字0除外），商不变"时，首先通过一个具体的例题进行讲解，如 $25 \div 5 = 5$，此时教师在此计算式上进行变换，让被除数和除数同时乘

2，变成50÷10，答案依旧是5；然后让被除数和除数同时除以5，变成5÷1，答案也是5，由此验证这句话的正确性，也能够让学生加深理解。紧接着，教师提出一个问题："那么什么时候，这种关系是不成立的呢？"此时学生纷纷进行思考，有的学生表示："当除不尽的时候，可能就不能成立了。"还有的学生表示："为什么要把0除外，被除数是0的时候，不管是除0，还是乘0，商也不变，都是0。"教师根据学生的质疑进行思考与回答，运用评价语鼓励学生，并向学生进行推导验证，进而有效地提高学生的数学阅读能力。

总之，在数学阅读中进行质疑，能够有效地引导学生快速锁定关键信息，并让学生的数学思维能力得到快速发展，进而促使数学阅读能力的提升。作为小学数学教师，要认识到提高学生质疑能力的重要性，并掌握多种教学方式与评价手段，引导、启发学生提出质疑，让学生围绕问题，侧重收集总结答案的信息，从而有效地提高学生掌握阅读文本核心内容的能力，促进学生对数学问题的理解能力。作为学生，也要认识到数学阅读的重要性，积极主动地提出自己的质疑，并在自己的经验范围内不断地进行探索，从而提高自身的阅读能力与数学理解能力。

三、在"鼓励"中阅读与评价

根据调查发现，小学生对教师有强烈的崇拜意识，经常出现无条件服从的现象。因此，教师可以根据自身对学生的影响力，鼓励学生进行阅读，使学生在数学课堂中能够有效阅读，并对学生在阅读中发现的共性问题进行集中讲解。那么教师如何鼓励学生进行数学阅读的？评价是对其鼓励的重要途径之一。由于每名小学生都希望自己受到教师的表扬，因此，在课堂中会根据教师的要求，积极表现，以此博得教师的青睐。此时教师以数学阅读作为评价的重心，必定能够让学生潜在地提高阅读意识，并积极主动地进行数学阅读活动。

例如：教师在教学"平移与旋转"的内容时，很多学生的空间思维较差，因此对定义理解不透彻。为此教师可以采用"鼓励"评价的方式，引导学生通过实践活动感受平移和旋转，进而提高学生对文本阅读的理解能力。如平移是指在平面内，将一个图形上的所有点都按照某个直线方向做相同距离的移动。学生在阅读之后，根据自己的理解做出一个平移动作，倘若是正确的，教师可以说："你的数学阅读理解能力真棒，那你可以分享一下你是怎么理解的吗？将其中的关键词找出来吧！"学生回答之后，教师对其表示认可。当有的学生出现错误动作时，如学生在原地转圈，此动作应该属于旋转。此时教师可以说："你的动作非常优美，但是为什么你觉得这是平移呢？"学生说出自己的想法："我就是在地面上进行移动的呀。"然后教师向学生讲解旋转的定义，并让学生理解其中的差异，最后鼓励学生再次进行尝试，最终形成正确的理解。

综上所述，数学阅读教学与评价能够对学生的数学阅读能力产生积极的影响，在核心素养时代，对学生的自主学习有较高的要求，而学生具备数学阅读能力是其进行自主学习、深度学习的必要条件。只有能阅读、会阅读，学生才能在各种数学信息中找到有效的信息与材料，实现对数学知识的深度把握，从而掌握数学知识，并灵活地运用数学知识解决数学问题。数学阅读正在成为学生数学学习的新常态，教师与学生都应该关注数学阅读，在数学教学与学习等活动中，用阅读获取进步的营养，用阅读不断地攀登数学的高峰。

参考文献

［1］邹颖贯.数学阅读，读出数学味——浅谈小学高年级学生数学阅读能力的培养［J］.小学教学参考，2021（14）：29-31.

［2］曹儒平.数学阅读的"三度"提升数学课堂实效研究［J］.科学咨询，2021（11）：224-225.

［3］李玉媛.让数学阅读在课堂教学中"悦"起来［J］.教育实践与研究，2021（7）：33-35.

"数学画"在小学低年级数学教学中的思考

　　"数学画"顾名思义，就是学生在学习数学的过程中，把题目的意思用简单的图形画出来，或者学生把自己的思维过程用画图的方式表示出来的一种学习方法。"数学画"这种学习方法不仅直观形象，还能让学生在"画"的过程中体会到学数学的乐趣、学数学的价值，欣赏到数学之美，并且有意识地利用"画"来解决问题。

　　在我多年的小学低年级数学教学中，我发现了这样的现象：许多孩子在初学数学时，存在很多共性的问题，有时会不明白教师在说什么；有时候题目看了很多遍还是不明白意思；问他是怎么想的，犹豫半天也说不出个所以然来。有一次在课堂中，一个偶然的机会，学生在解决排队重叠问题时，关于"这个加1或者减1求一列总人数"时，我请一名学生说想法。他说着就跑到黑板前，边画边讲起来，他的画很稚嫩却能把他的想法形象地表示出来，收到了意想不到的效果。有了这段插曲，当时我就想，能否让学生用"画数学画"的方法来解决数学学习过程中的困惑呢？"数学画"不仅可以直观形象地帮助学生理解数学问题，还可以弥补使用学具的不足。有了这个想法，我针对怎样画"数学画"？在什么时候画？进行了深入的思考，现将我教学中的一些方法和大家共享。

一、在学生理解有困难的时候画

　　小学低年级学生的思维以具体形象思维为主，虽然学生有比较多的生活经验，但是把这些所谓的生活经验提炼到数学问题中时却往往难以理解。这时候，"数学画"在这里就起到了一种"桥梁"的作用，学生在创造出自己看得懂的"数学画"的同时，他们的头脑中也正在不断地经历着"数学化"的过程。

在一年级数学中有这样一道思考题：从前面数小红排在第8位，从后面数小红排在第7位，这一排一共有多少人？在刚接触这类题目时，由于受前面学习和练习的影响，学生形成了这样的一个观点：求一共有多少就是用加法，所以当他们看到这一道题时，不假思考地列出了算式"8+7=15"。教学时，我问学生："从题目中知道了什么，这个'小红'在8和7中间数了几次？"然后让他们讨论如何解决，最后汇报讲解。这样的一个过程下来，只有一部分学生理解了。后来我又讲了两遍，理解的学生虽然多了，可是换了一道类似的题：小红前面有8人，后面有7人，这一排一共有多少人？大部分学生又习惯性地用"8+7-1=14"。看到这种现象，我就思考怎样让学生更好地理解题目意思呢？我采用了"画数学画"这一方法，就提出："你能用两种不同的图形表示'小红'和其他人，把这两列队伍画出来吗？"学生很快地就画出下图。

集体交流时，我让学生把两幅图进行比较，让学生在辨析中进一步理解了题目的意思，并给学生明确"数学画"是一种很好的学习数学的方法，当我们看不懂题目时可以用画"数学画"的方法把题目画出来。后来学生再遇到例如排队、间隔等难以理解的题目时，都会想到用"数学画"来帮助分析题目的意思。

二、在学生思维不通的时候画

小学低年级学生的思维以具体形象思维为主，而数学的学习是培养学生抽象逻辑思维的过程，学生在自己的探索学习过程中，很难总能选对解决问题的方法和途径，必然会出现思维不通的时候。所以当学生的思维受到阻碍且不通的时候，不妨让学生画一画、说一说。在画的过程中，学生会更全面、更深入地理解问题，并通过与同伴的相互协作、相互交流，在不断的尝试和选择中解决问题、掌握知识，从而锻炼了自己的数学思维。

学生具备乘法基础后，在一次复习课上，我给学生出了一道提升思维题：有9棵树，要求每行种4棵，种成3行，应该怎么种？学生读了题后，受乘法思维定式的影响，马上就嚷嚷开了："老师，这道题错了，每行种4棵，种成3行，应该是12棵，9棵是不够的。""是吗？"我又故意看了看书上的题目，假装思考后说："没错呀。""那是怎么回事呢？"学生瞪着迷惑的眼睛看着我，这时我给他们提议："要不用'数学画'来试试吧，你们试着画一画，看看秘密藏在哪里了，好吗？"学生以小组为单位边讨论边画，经过了议议画画，很快就有学生举起手，并且大叫"我知道了"。我没有急着让他回答，而是让他在小组里把画的过程再一次进行交流。交流汇报时，我收集了学生的"数学画"，如图所示。

学生用自己画出来的画进行了解释说明，使人看了一目了然，也使那些不能理解的学生，通过"数学画"使自己的思维豁然开朗。

三、在学生感觉到数学枯燥的时候画

数学知识原本就比较抽象，各种概念的描述既枯燥又无味，各种计算的学习和练习既单调又乏味，在数学学习过程中，学生很容易产生厌倦情绪。如果让学生把日常生活中的数学知识、数学素材用"画"的形式表示出来，不仅使抽象的内容变得具体、易懂、有趣，也能提高学生学习数学的兴趣，数学课堂也变得生动形象。同时，学生在画"数学画"的过程中体验到了成功的喜悦，体验到了解题的乐趣，在不知不觉中学生就喜欢上了数学。

在一个课间，我发现一群学生围在一起，津津有味地看漫画书，还不时地边聊边笑。我走过去，看了看，"这漫画书不但有意思，画得也漂亮！你们知道这里面藏着哪些数学知识吗？"我顺口问了一句。话音刚落，同学们你一言我一语纷纷地说开了。"我知道这一页一共有12幅小漫画。""他说的一句话有9个字，她说的一句话有7个字，一共有16个字。""他说的字比她的多2个。""漫画里还有5元人民币，3个人物，2只宠物。"……"这个周末作业就让学生画美丽的数学画"一个念头在我脑海里一闪而过，我就布置了此项作业。周一返校，学生迫不及待地上交作业，还禁不住问道："老师，我画得好不好？符合要求不？"当我检查学生的作业时，我惊喜地发现：学生有的用数字画出了小动物；有的画出了去商场购物的情景，还写上商品价格和计算的算式；有的用学过的平面图形拼成蜻蜓、房子、树……通过这次的作业，我发现学生学数学的热情高了，写作业的积极性也高了。

总而言之，数学是一门逻辑性强的学科，很多时候依赖学生的思维活动，与文科类的学科相比，缺少了一些趣味性。再则数学的作业一般也都是以文本的形式出现，容易造成学生的厌倦。学生把数学画出来，并及时地进行交流，学生非常喜欢，从而也喜欢上了数学，学习数学的兴趣得到了提高。从实践中我也发现，学生在画的过程中能举一反三、灵活运用知识，有丰富的想象力，喜欢出"新点子"等。同时我的数学课堂也变得更加生动，学生也渐渐地爱上了数学，感受着学数学的乐趣。

图文并茂话数学，思维可视现真知

——小学数学思维导图教学探究

《义务教育数学课程标准（2022年版）》中强调了学生的学习主体地位，明确了数学教学的主要目的是更好地激发学生在数学学习过程中的兴趣，鼓励学生自主学习，培养学生的数学思维以及数学学习习惯和方法。但是目前的小学数学教学中依旧存在师生单向互动、知识死记硬背的教学局面，不仅降低了学生的数学学习兴趣，也会妨碍学生数学思维的发展。而思维导图教学方式则可以弥补传统教学的弊端，以思维可视化为核心优势，在学生数学理解、记忆、思考、探究等方面给予帮助，在教师教学形式、内容、评价中给予辅助，从而构建小学数学的高效课堂。

一、思维导图在小学数学教学中的重要性

思维导图又名心智导图，是表达发散性思维的有效图形思维工具，它简单有效，而且具有极强的实用性。在小学数学教学中，思维导图可以发挥其图文并重的特点，建立各个级别的主题关系图表，将与主题相关的知识进行串联，形成整体的框架。同时思维导图也可以将思维形象化处理，利用图形直白地表现数量关系，让解题思路进行可视化呈现。

对于教师而言，思维导图的使用能够突出教师在教学过程中所尊重的学生主体地位，以真正的引导性教学，辅助学生进行数学知识的探究与总

结。同时思维导图也让教师的教学思维可视化，使学生能够完整地认知本节课的内容，并总结重难点知识。而思维导图与信息技术的结合使用，也极大地提高了数学教学的效率与质量，为学生数学学习带来良好的体验。

对于学生而言，思维导图的使用能够帮助他们在遇到抽象逻辑性较强的问题时，通过图文并用的方式，将解题思路变得清晰且直观，也能够帮助学生在进行年级复习、单元复习时，通过构建各个知识之间的关系图表，切实掌握数学知识，甚至会收到"温故而知新"的效果。此外，思维导图使用一个中心关键词或者想法能够以辐射发散的方式，对学生的发散性思维产生积极的影响。

二、思维导图在小学数学教学中的应用策略

教师采用思维导图开展教学活动，应该立足小学生的认知特点与学习实际，并在新课程标准指导下，设计出具体可行的教学环节，促进学生的数学学习与发展。以下是我的经验之谈：

（一）借助思维导图厘清知识脉络

在传统的小学数学教学中，教师为了充分利用一节课45分钟的时间，通常会向学生源源不断地"灌输"数学知识，不仅使学生长期处于被动的学习状态，降低了学生思维发展的能动性，还忽视了整节课的复习与总结环节，导致学生由于不能及时回顾上节课的知识，而对本节课的知识接受度降低；由于没有及时进行完整的知识总结，导致学生在学完之后，分不清主次知识，甚至在脑海中没有印象。

基于上述现状，教师可以借助思维导图构建知识脉络，既能够使学生对所学知识有整体的认知，也能够让学生清晰地掌握本节课的学习内容。首先，教师确定本节课的中心教学内容，作为思维导图的主题，对上节课的知识进行简单回顾，并将其作为思维导图的首个二级标题。其次，教师在已学知识的基础上引出本节课的内容，将学生重点学习的内容作为思维导图的二级标题，并以此为中心展开三级标题。最后，教师在讲解完毕之

后，设计练习题。

例如：教师在教学"解简易方程"时，将"解简易方程"作为中心词，首先对上节课"用字母表示数"的重点内容进行回顾，帮助学生回忆知识，教师可以为学生展示一个用字母表示数的计算列式。然后向学生进行提问："大家可以将这个等式中的字母解出来吗？你们认为这个字母是多少？这个等式可以存在吗？"此时便可以引出本节课的内容——解简易方程。教师带领学生了解方程的意义、等式的性质、解方程、实际问题与方程，这些内容都可以作为思维导图的二级标题。同时教师在讲解二级标题的过程中，根据教材内容进行拓展，比如"等式的性质"中，还可以增设两个三级标题，也就是等式的性质1和性质2。在所有的知识都讲解完毕之后，教师为学生展示一道练习题，让学生进行课堂巩固，并通过该练习题，结合已完成的思维导图，串联所有的知识点，帮助学生进一步梳理本节课的知识脉络，理清本节课的学习思路与过程。

（二）借助思维导图有效解答难题

小学生在思考数学问题时，通常会呈现出"学什么，思什么"的特点，既不会将新旧知识进行联合思考，也不会在某一个知识点上进行延伸思考，因此学生在遇到相对复杂的数学问题时便不知所措。同时学生在面对数量关系较多的应用题时，由于思考范围较窄，再加上学生抽象逻辑思维较差，因此导致思绪乱，出现不会解题的情况。

思维导图在帮助学生解答难题方面也有较大的优势，几何图形能够直观地表示数量关系，同时数量关系也能够表示出几何图形中所蕴含的数学信息，此时学生在看到复杂的数量关系、几何图形后，便可以将其进行相互转化，也能够将自己脑海中不成熟的抽象思维落实在"白纸黑字"上，从而有效地解答各种难题。

教师为学生展示一道应用题：甲、乙两地相距6千米，某人从甲地步行去乙地，前一半路程平均每分钟行80米，后一半路程平均每分钟行70米。问他走后一半路程用了多少分钟？这道题中有很多的数量关系对于小学生而言比较复杂，很容易混淆学生的解题思路。此时教师可以引导学生根据这一段话，绘制一个表示数量关系的图形，于是学生纷纷在自己的草稿本上进行绘制，教师也走下讲台观察学生的绘制成果。当大多数学生都绘制完成之后，教师再带领学生一同进行绘制。首先教师先画出一个线段，并标注两地的距离是6千米，然后画出一个小人在甲地，并标注箭头，表示他要去乙地。紧接着，教师在这条线段的中心位置画一条线，前一半标注为80米/分，后一半标注70米/分，当整个图形画完之后，学生通过视觉便可以在脑海中形成一个完整的数量关系构建，同时也能将本题的解题思路变得更加清晰与明了。最后学生便可以知道这个人前一半路程走了3千米，后一半路程走了3千米，后一半路程每分钟走70米，那么只要将3千米转变为3000米，然后除以70米便可以得出最后的答案。

（三）借助思维导图突破学习重难点

小学生的自主思考能力较弱，需要教师循循善诱才能够对所学知识产生一定的印象，尤其是学习重难点内容的时候，经常会有学生在上完课之后，不知道重点学习的内容是什么。同时，部分教师在教学时，由于教学能力不突出，导致学生不能直观地感受到重点内容。因此大大地降低了学生学习的有效性，使得学生对知识的掌握不具有针对性。

思维导图本身具有突出中心的作用，在小学数学重难点教学中，能够直接突出重点内容，使学生一目了然。以"长方体与正方体的表面积"教学为例，本节课教学的重点内容是引导学生根据长方体的长、宽、高，确定每个面的长、宽是多少，然后再进行面积计算。此时教师在黑板上先绘制一个长方体，并在旁边写下思维导图的中心词：长方体和正方体的表面积。然后绘制一个大括号，大括号内包含三项内容：第一项是长方体的顶面和底面的长和宽是多少？第二项是长方体的前面和后面的长和宽是多少？第三项是长方体的两个侧面的长和宽是多少？紧接着让学生根据教师所展示的长方体，围绕这三个问题进行探究。当学生探究完毕之后，教师随机挑选几名学生回答问题，并将正确答案写在每个问题的后面，最后再用一个大括号进行总结，得出长方体的表面积计算公式。由此一个完整的思维导图便绘制完成，既能够凸显出长方体表面积的计算思路，同时也能够让学生明确地了解本节课教学的重点内容，并对其进行整体认知。

（四）借助思维导图提高复习效率

传统的小学数学复习课通常采用"知识点整理—题型练习—教师点评"的教学模式，不仅忽视了学生的学习主体地位，还会降低学生的问题思考与探究能力，成为依靠"死记硬背"获取分数的学习状态。再加上部分小学生的数学总结与整理能力较差，学生在进行单元总结、知识点总结或者整本书总结时，总是会出现无思路、无想法的状态，因此复习效率大大降低。

思维导图在小学数学复习课中的使用能够注重学生的自主梳理、丰富教学的评价方式、改善学生的学习方式，同时也能够满足复习课容量大、时间紧、频率高的特点。以"分数"的知识点为例，教师在引导学生学习完"分数除法"的知识点之后，学生将掌握整个小学数学阶段的所有关于分数的知识，此时教师便可以引导学生进行分数知识点的系统复习。首先确定思维导图的中心词"分数"，然后教师与学生一同进行分数知识点的回顾，包括分数的意义与性质、分数的加减运算、分数在生活中的运用、利用分数解决生活中的实际问题、分数除法、分数与小数之间的转换等知识点。当把所有的知识点列完之后，教师再带领学生逐个进行复习，针对每一个知识点列出相对应的练习题。在练习的过程中，进一步总结每个知识点中的小知识点，既能够让学生充分回顾分数知识，同时也能够将学生数学思维中关于分数的部分进行串联。最后教师向学生展示一个相对完整的思维导图，帮助学生对分数知识点进行整体认识，使学生的数学综合思维能力得到提升。

综上所述，思维导图在小学数学教学中发挥着重要作用，既可以与信息技术设备结合，也可以直接绘制在黑板上，其在教育教学上所呈现的包容性，使之直接成为教师教学的有力助手。通过思维导图教师能够为学生直观地呈现出知识脉络与框架，有力地展示数量关系与几何图形的依存关系，从而帮助学生提高解答数学问题的能力，有效突破学习重难点问题。最后希望思维导图在小学数学教学中能够有更加新颖、有效、丰富的应用策略，为学生带来良好的学习体验，促进小学数学教育的良性发展。

参考文献

［1］李慧燕.巧用思维导图提升小学数学课堂实效［J］.科技资讯，2020，18（23）：154–156.

［2］梁志霞.思维导图在数学知识网络构建中的应用研究［J］.才智，2020（19）：165–166.

［3］鲍菲菲.思维导图在小学数学教学应用中存在问题及对策研究［J］.科技风，2020（8）：68.

"双减"背景下小学数学高效课堂构建的思考

"双减"对如今的学校和课堂提出了相当高的要求，如何合理降低学生的课后学习压力成了教师必须考虑的问题。与此同时，新颁布的《义务教育数学课程标准（2022年版）》（以下简称《课标》）又对学生的技能与素养提出了更高的要求，在这样的背景下，教师不能单纯地考虑课后作业的减负，还应当兼顾课堂教学的效率。课后作业是课堂教学的重要补充，在课后作业中，学生需要完成的任务量与课堂教学的效率有着密切的联系。因此，要有效达成减负提质的效果，让"双减"政策真正地落实于日常的教学中，教师必须提高课堂教学的效率。本文从利用信息技术，调动学生兴趣；做好学科融合，培养应用能力；根据学生情况，实施个性教学；优化评价方法，促进学生对"双减"背景下小学数学高效课堂构建的策略展开探究和反思，旨在以课堂教学效率的提高为课后作业的减负奠定坚实的基础。

一、利用信息技术，调动学生兴趣

《义务教育数学课程标准（2011年版）》提出学生的学习应该是一个主动的过程。教师需要通过多种方法调动学生兴趣，突出学生的主体地位。近年来，信息技术的发展为教师提供了多样的教学方法，相比过去的教学手段，其能够让教师引入更加多样的趣味素材，将其应用于课前导入和课堂活动中，教师能有效地提高学生学习的主动性。所以，在数学这门难度较高的学科中，教师需要通过多种方法合理利用信息技术，充分有效地调动学生的学习兴趣。

（一）结合视频素材，做好课前导入

"好的开始是成功的一半"，在高效的数学课堂教学模式构建中，有趣生动的导入环节占据着举足轻重的地位。信息技术的发展有效拓宽了教师获取教学资源的渠道。相比过去以语言为主的导入方法，信息技术提供的视频能调动学生更多的感官，在展现生活化情境和符合小学生认知特点的素材方面有着相当大的优势。这就需要教师利用信息技术，合理选择视频素材展现给学生，以便有效地做好课前的导入环节。

例如：在"认识图形（一）"这一课的教学中，教师就可以以实景微课视频展现生活中各种形状的物体。在展现之后，教师就可以顺势提问："在视频中，你都看到哪些形状的物体呢？哪些物体是属于同一种形状呢？将它们分一下吧。"而在学生将视频所展现的物体分类后，教师就可以带领学生依次认识正方体、长方体、球等立体图形。由于视频所展现的生活情境形象生动，在后续的以学生为主的探究环节，教师会发现学生在本节课中表现得更加积极，这有效地提高了课堂教学的效率。

（二）利用信息设备，引入趣味游戏

在《课标》的理念下，教师需要积极构建活动化课堂，而在学生兴趣的激发方面，教师不应该只重视课前导入环节，也应当提高每个教学环节的趣味性。这就需要教师构建趣味生动的学习活动。游戏教学法是激发小学生兴趣最主要的方法之一，而基于进一步调动学生主动性考虑，教师需要构建更加新颖、多样的游戏。信息技术的发展为教师提供了丰富的教学手段，其能有效辅助教师构建更加多样以游戏为切入点的课堂教学模式，以便更好地吸引学生的注意力。

例如：在"圆的面积"这一知识点中，教师就可以利用教学白板的互动课件工具设计趣味的游戏。在学生探究出面积的计算公式后，教师就可以以游戏的方式展现公式，让学生判断"$S=Cr/2$""$S=Cr$"等变形的公式中哪个是正确的。在这一游戏中，屏幕分为左右两个部分，两个部分分别有着不同的公式，在游戏开始后，教师选择两个学生代表进行对抗性的比赛活动，学生回答的结果会记录到软件中，最后比一比哪个学生的得分高。这样，利用信息化设备，教师更好地引入了趣味的游戏，切实提高了学生在数学学习活动中的积极性，进而增强了学习的效果。

二、做好学科融合，培养应用能力

在教学中，学科知识的应用能力越发受到重视。在"双减"政策的落实中，要有效落实减负提质的原则，教师必须充分培养学生数学知识的应用能力，而复杂的现实情境往往是难以用单一学科知识解决的。综合与实践是小学数学学习的重要领域，需要学生将数学知识充分应用于其他学科和日常生活中。这就需要教师做好学科融合工作，通过合适的方法有效培养学生知识的应用能力。

（一）融合相关学科，开展主题活动

主题活动是综合与实践中相当重要的活动，而与其他学科融合的活动是主题活动重要的组成部分。在这类活动中，学生能综合运用数学知识解决问题，体会数学知识的价值，以及了解数学知识与其他知识的关联性，这对于培养学生数学知识的应用能力有着相当大的作用。所以，教师需要积极结合其他相关的学科开展主题活动，以便让学生将数学知识充分地应用于其他学科的实践中。

例如：在"千克、吨"等重量单位相关知识点的学习中，教师就可以结合语文学科中《曹冲称象》这一课展开教学。在这一过程中，教师可以先展现曹冲称象的故事，以语文故事调动学生的兴趣。而后，教师就可以询问："曹冲称量大象是怎么完成的？在每个环节中，其最适合应用的单位是什么呢？"让学生以小组合作的形式展开探讨。这样，通过语文学科

与数学创设情境环节的结合，教师有效引导学生将数学知识应用到了语文学科的知识中，切实培养了学生数学知识的应用能力，减少了课下需要学习的任务量。

（二）开展项目活动，创设生活情境

在数学教学中，教师需要积极引导学生将数学与日常生活结合起来，培养学生将数学知识应用于实践的能力。在这样的情况下，能否有效创设生活化情境很大程度上影响着整体的课堂教学效果。项目化活动是综合与实践活动的另一重要组成部分，它以现实生活中的问题为重点，要求综合应用数学与其他学科知识，也可以使学生感受到数学的价值，培养学生的数学知识应用能力。所以，基于数学运用能力的训练，要构建高效的课堂教学，教师需要积极开展项目化活动，创设生活情境。

例如：在"年、月、日"相关知识的教学后，教师就可以布置以"制作日历"为主题的课后项目化实践活动。在这一活动前，教师可以先利用视频展现多种形式的日历，一方面激发学生的兴趣，另一方面为学生后续的日历制作活动提供参考。而在第二步的计划制定环节中，教师可以引导学生进一步探究"年、月、日"相关知识，并拓展学习"制作日历"所需要的其他学科知识。在实践活动中，学生不仅需要掌握数学学科知识，也需要充分利用科学、美术等知识，以便让自己制作出的日历能框架结实、造型美观。这样，通过项目化活动的开展，教师更好地为学生创设了生活实践情境，有效地培养了学生的数学知识应用能力。

三、根据学生的实际情况，实施个性化教学

在"双减"政策下，教师需要充分落实减负提质的理念，这需要教师节约课堂和课后的时间，"好钢用在刀刃上"。而基于学习中心地位的突出，充分落实个性化教学的理念是相当必要的。这就需要教师在日常的教学中做好学生的实际情况的收集与分析工作，有效地根据学生的实际情况实施个性化教学。

（一）结合前置作业，确定教学难点

过去，很多难点问题的解决都依赖作业和作业讲解完成，而在"双减"减轻课后作业负担的要求下，教师需要在课上就尽量完成重难点的教学，让学生充分掌握需要学习的知识。根据调查，大多数较为简单的知识都是不用学习或者可以通过学生简单地自学完成的，在这样的情况下，翻转课堂的教学理念有着相当大的价值。这就需要教师充分落实以学定教的原则，结合前置作业，根据学生完成的实际情况合理确定教学的难点，提高课堂教学的针对性。

例如：在"混合运算"这一单元知识点的学习中，教师就可以在自主预习环节为学生布置前置作业。而作业的内容既有四则基本运算方法的复习作业，也有包含一级运算的混合运算和包含二级运算的混合运算两种题目。通过学生前置作业中的错题和错因分析，教师发现在前置知识中，学生在除法中错误率较高，就需要在课堂中带领学生复习除法相关的知识。同时，教师发现大多数学生都能正确解决包含一级运算的混合运算题目，在包含二级运算的混合运算中错误率较高，在课堂教学中，教师就需要以包含二级运算的混合运算为难点内容，花费更多的时间让学生去探究。这样，结合前置作业的完成情况，教师更好地确定了教学的难点，有效地提高了课堂教学的针对性，落实了减负提质的理念。

（二）根据课堂问答，进行教学生成

学生的学习是一个动态的过程，教师的教学也需要根据实际情况灵活调整内容和方法。在过去的教学中，教师的教学往往存在"重预设，轻生成"的问题，这在一定程度上影响了课堂教学的效率。如今，要有效提高教学的效率，教师必须做好课堂教学内容的生成工作。在课堂教学中，课堂问答是教师与学生交流最主要的方法。通过合理的课堂问答，教师能及时了解学生的实际情况，这对于教师完成课堂教学内容的生成工作，从而实施个性化教学有着重要的作用。

例如：在《运算定律》这一单元学习之后，教师就可以通过课堂提问了解学生的实际情况。在提问的过程中，教师要求学生说出要进行简便运算，算式该如何变形。具体的题目有"$25 \times 9 \times 4$""99×9"等。而进行了几组提问后，教师发现学生在乘法分配律相关的题目中错误率较高，就说明乘法分配律是学生知识的薄弱点。在后续的教学中，教师就需要增加乘法分配律的讲解和练习活动，让学生特别注意9、99、999和11、101、1001等与整十、整百相近的数字。这样，通过课堂问答活动，教师及时确定了学生知识的薄弱点，进行了有针对性的课堂生成，在一定程度上提高了学生课堂学习的效率。

四、优化评价方法，促进学生反思

反思对学生的学习有着相当大的促进作用，而作为引导学生反思最主要的方法，充分发挥评价的作用是相当必要的。《课标》要求探索激励学生和改进教学的评价。而要充分发挥评价的作用，沿用过去主体、内容和形式都较为单一的评价方法是不合适的。因此，教师需要积极结合现代化的教学理念及小学生的年龄特点，通过多种方法优化评价的方式，从而有效地促进学生反思。

（一）应用积极语言，充分鼓励学生

《课标》要求构建学生主动学习的模式，在评价过程中，如何引导学生更加积极地学习是教师需要思考的问题，这需要教师充分落实鼓励性评价的原则，给予学生足够的积极反馈。积极语言是能给予学生积极反馈，使学生产生愉悦情绪，培养学生自信的语言，有效地帮助教师提高学生学习的主动性，对于构建以学生为本的教学模式有着相当重要的作用。所以，教师需要通过鼓励性评价有效地提高学生学习的主动性，更好地构建以学生为主的高效课堂教学模式。

例如：在"方向"这一知识点的学习中，教师就可以让学生描述，相对于自己的位置而言，学校大门所在的方向。在这一过程中，如果学生回答正确，教师就可以用"你的方向感真强！学校大门就是在教学楼的西南

方向，那么你还能用哪种方法描述方向呢？"进行表扬和引导。而在后续的问题中，学生如果不能回答出正确的答案，教师就可以引导："不要紧张，认真回想一下，在军事片中，军官通常用哪种方法描述方向呢？"在学生回答出"十二点钟"这样的答案后，教师再进行表扬。这样，通过积极语言，教师更好地鼓励了学生，以评价活动有效地提高了学生在课堂中的参与度。

（二）重视成果评价，引导正确反思

在高效的课堂教学中，教师评价的指标应当与教学目标一致。而在如今更加重视学生知识应用能力的数学教学中，沿用过去以知识输入能力为主的评价方式是不合适的。在这样的情况下，教师需要积极应用输出性评价，尤其是在综合实践活动中，其能有效地提高学生对知识应用能力的重视程度，引导学生从应用方面进行反思。所以，教师需要积极将成果评价应用于数学实践活动中，通过学生的正确反思有效地提高课堂教学的整体效率。

例如：在"统计图"相关知识的复习中，教师构建了"班内学生兴趣大调查"的项目实践任务，并让学生结合合适的统计图，以手抄报的形式完成调查报告。在任务完成后，教师就需要设计一个成果讨论环节。具体而言，即教师将学生的成果以投影的方式展现在多媒体屏幕上，让每名学生进行投票选出自己认为优秀的两个作品。同时，教师也需要从数学知识的正确程度、手抄报的美观程度等方面展开评价，写下相应的评语。通过重视结果的输出性评价过程的构建，教师更好地引导学生从知识的实际应用方面进行了反思，增强了学生课上学习的效果，减少了课后需要学生完成的任务量。

总而言之，要充分落实国家"双减"政策，切实有效地提高小学数学课堂教学的效率是相当重要的。而在如今的小学数学教学中，教师就需要充分结合新的教学理念和利用现代信息技术。也只有全面深化教学改革，创新教学方法，教师才能更好地提高教学效率，满足"双减"政策实施对课堂教学更高的要求。

参考文献

［1］邱维珍.“双减”背景下如何构建高效的数学课堂［J］.天津教育，2022（21）：99-101.

［2］王金英.聚焦“双减”，优化小学数学课堂提问的策略［J］.华夏教师，2022（20）：48-50.

［3］王海燕.“双减”背景下构建小学数学高效课堂的策略研究［J］.天天爱科学（教育前沿），2022（7）：52-54.

深度学习视角下小学数学课堂提问研究

由于教育理念的转变，中小学教育对学生有了更多的要求，在这样的形势下，如何更有效地训练学生学科素养与学科技能显得尤为关键。而深度学习就是在教师的指导下，学生对一个富有挑战性的课题，全身心地参与、感受发展、获得成长的有意义的学习活动。它也是提高学生自身素质的重要途径，对于落实新课程标准中以核心素养为导向的理念有着相当重要的意义。在以学生为本的理念下，培养学生的问题意识及问题探究能力是当今最重要的学习方法之一，在这一教学模式中，能否创设合适的问题情境是影响整体教学效果的重要因素。本文从选择合适方法，提高问题趣味程度；合理选择问题，积极构建挑战问题；基于能力培养，有效凸显问题价值三个方面对小学数学课堂提问的策略展开研究，旨在更好地将深度学习的理念落实到小学数学的教学实践中，更好地培养学生能力和素养。

一、选择合适方法，提高问题趣味程度

深度学习理念要求学生充分参与，如何快速吸引学生注意力，提高学生课堂探究的积极性成了教师需要认真思索的问题。而作为问题教学法的导入环节，问题情境的创设对于学生兴趣的激发有着相当大的影响。这就需要教师结合多种方法创设趣味的问题情境，在问题提出的过程中就能调动学生学习的动力。

（一）结合故事情境，优化数学问题本身

在数学教学中，结合具体情境的应用型问题是相当重要的组成部分。这些情境本身的质量很大程度上影响着整体的教学效果。在小学的教学中，教师需要积极选择符合学生年龄认知特点的情境。故事是学生相当感兴趣的一种情境，通过趣味的故事情境，教师能有效地激发学生的兴趣，提高学生解决问题的积极性，这对于构建学生全身心参与的深度学习模式有着重要的作用。因此，在课堂提问的过程中，教师需要积极地将故事情境与问题的提出结合起来。

例如：在"混合运算"的教学中，学生首先要解决的关键问题就是"先计算哪种运算符号？再计算哪种运算符号？"，而基于对学生兴趣的激发的考虑，教师就可以以"数学王国"为背景构建故事情境。在这一故事中，加号、减号和乘号、除号产生了激烈的矛盾，他们都认为应该是先计算自己。其中，加号和减号的理由是"我们在你们前面，要先来后到"，而乘号和除号的理由是"我们有特殊的通行证，就是应该先计算"。在问题情境创设之后，教师就可以让学生探究应该先计算哪种运算符号，以此引入本课的主题。通过趣味的故事情境，教师有效地调动了学生的兴趣，在后续的问题解决中，学生参与的动力也更足。

（二）应用信息技术，转变问题展现方法

问题情境的展现方法很大程度上影响问题对学生的吸引力，而相比单纯以语言展现问题的情境，能充分调动学生视觉、听觉感官的情境无疑对学生有更大的吸引力。信息技术的使用给教师提供了更加多样的教学素材和教学方法，而其提供的大量趣味的视频素材，在充分吸引学生注意力和调动学生积极性方面有着相当大的优势。因此，在数学教学中，教师需要积极应用信息技术转变问题导入的方法，以便让学生积极参与到问题的解决过程中，更好地落实深度学习的理念。

例如：在"观察物体"这一单元知识点的学习中，学生需要解决观察角度相关的问题。在这一过程中，教师就可以结合信息技术，导入有关角

度的视频。在视频中，学生会发现种种神奇的现象："水往高处流""看似圆，实则方"等，在视频展现之后，教师就可以询问："为什么会出现这样的现象呢？"引导学生进行探究。而由于趣味视频展现的神奇现象，学生的注意力被快速地吸引，在探究过程中学生也更加主动。这样，结合信息技术，教师有效地转变了问题情境的展现方法，以问题的导入更好地构建了学生全身心参与的深度学习模式。

二、合理选择问题，积极构建挑战性问题

深度学习要求学生围绕有挑战性的学习主题，获得发展，体验成功。在这样的情况下，教师所提出的问题也需要具有一定的难度。而基于当今重视逻辑、知识联系和应用的理念，教师也需要充分地以递进式问题、拓展式问题和生活化问题突出问题的挑战性，更好地帮助学生发展学习探究的能力。

（一）联系后续知识，积极构建拓展问题

数学是一门知识间有着密切联系和递进性的学科，在学习中，学生只有在充分掌握前置知识的基础上，才能完成新知识的探究过程。因此，教师需要充分重视知识间的联系。单元整体教学理念倡导将不同学段相互联系的单元结合起来，进行整体备课，在这一模式下，教师需要从承上启下的角度思考每一个知识点。在教学中，教师不仅要将前置知识的复习融入课前自主学习环节，还需要将后续知识融入拓展环节，这对于提高问题完成的挑战性也有着相当大的作用。所以，在深度学习理念的落实中，教师在教学中需要积极联系后续知识，设计拓展性问题。

例如：在"鸡兔同笼"的学习中，教师需要先让学生以表格法、抬脚法等常规方法完成计算。而在计算之后，教师就可以提问："还有什么计算方法呢？"让学生探究更多的解题方式。在这一环节，教师就可以适当引入后续需要学习的简易方程的知识，并在简单介绍了方程之后，询问学生："如果应用方程的话，鸡兔同笼问题应该如何解决呢？"这样，通过

与后续知识的结合，教师有效地落实了单元整合理念，在为学生构建完整数学知识框架的同时设计了具有挑战性的问题，落实了深度学习的理念。

（二）设置递进式问题，引导学生深入思考

在当今的教学中，生本教育的理念逐渐深入人心，而构建生本课堂，促进学生深度学习理念要求教师设置具有挑战性的问题，这本身就对学生的能力提出了更高的要求。如何让学生更好地完成任务成了教师需要思考的问题。递进式问题要求教师将单元所学习的知识分为有着明显顺序的探究式问题。通过递进式问题的设计，教师不仅能更好地以推理培养学生的逻辑思维，还能在保障问题挑战性的同时降低问题解决的难度，一定程度上落实分层教学理念，应对学生能力差异较大的现状，这对于将深度学习理念充分地落实在日常教学实践中有着重要的作用。

例如：在"圆的面积"的学习过程中，学生需要解决的最主要的问题就是"圆的面积计算公式是什么"。在这一过程中，教师就可以将这一个问题分为数个小问题，引导学生进行探究。在第一个问题中，教师可以将圆分割成相等的份数，重新组合，询问："同学们，这像是什么图形？"在学生回答后，教师则可以逐渐增加所分出的份数，询问："随着份数的增加，所拼出的图形有什么样的变化呢？"而在学生探究出随着份数增加，拼出的图形逐渐与长方形相近之后，教师就可以继续询问："长方形的面积公式是什么？"以及"在屏幕上，长方形的长和宽分别是圆形的什么转化而成的？"这样，通过递进式问题，教师有效地引导了学生深入思考，解决了圆形面积公式推理这一难度较高的学习任务，基于深度学习理念有效地构建了有挑战性的学习活动。

（三）结合生活情境，构建实践应用问题

在当今的教学中，学科知识应用能力越发受到重视，同时，《课标》也指出，综合与实践是数学学科教学的重要组成部分。在这一理念下，充分构建生活化的问题情境变得相当必要。通过生活化拓展问题的构建，教师不仅能更好地培养学生知识的应用能力，满足新课标的要求，还能切实

提高问题的难度，让学生所探究的问题具有一定的挑战性。所以，在提问的过程中，教师需要积极构建结合生活的实践应用问题，将深度学习的理念与新课标的要求更好地结合起来。

例如：在"统计与概率"这一模块知识的复习中，教师就可以让学生利用各种统计图表示一个人一天所需要的营养和各种食物所包含的营养。在充分展现了上述信息之后，教师就可以询问"你的食谱健康吗？""有哪些地方需要改善？"以及"如果要让你设计科学的饮食清单，你会怎样设计呢？"这样，充分结合生活情境，教师有效地建构了实践性问题，一方面更好地培养了学生知识的应用能力，另一方面一定程度上提高了问题的难度，满足了学生深度学习的要求。

三、基于能力培养，有效凸显问题价值

深度学习强调有意义的学习，在问题的设计中，教师也需要充分注重问题的价值。在当今的教学中，学生能力和素养的培养越发受到重视，这就需要教师基于学生能力的培养选择合适的问题，更好地满足当今的教学理念对学生更高的要求。

（一）基于创新能力，积极构建开放问题

当今，培养创新型人才是教师需要关注的重点目标。在小学阶段，数学教学在学生创新能力的培养中有着重要的作用。深度学习关注问题的价值以及学生能力的培养，在这样的情况下，能否在深度学习模式中培养学生的创新能力，很大程度上影响着整体的教学效果。在过去，解决数学问题有固定模式，这样的学习方法很难培养学生的创新思维。开放式问题是没有固定结果或者过程的问题，其能有效地引导学生发散思维，并培养其创新能力。所以，在深度学习的背景下，教师需要积极构建开放式问题，以创新能力的培养有效凸显问题的价值。

例如：在"和差问题"学习之后，教师就可以提出问题：用一根5米长的竹竿测量水的深度，在水面的位置刻上标记，翻转竹竿，再次重复上

一步动作。在拿出竹竿后，两个标记间相差1米，问水深多少米？与传统的习题练习不同，这一个问题有两种答案，而学生则需要充分发挥自己的主动性，探究更多的可能。这样，通过开放式问题的构建，教师有效地引导学生发散了思维，培养了学生的创新能力。这也凸显了教师所提出问题的价值，有效落实了深度学习的理念。

（二）立足学科融合，提出综合探究问题

在当今的教学中，如何培养学生将数学知识应用于实践的能力相当关键。而相比练习册上的题目，实践活动中学生所面临的情景往往是复杂的。学科融合是当今教学的趋势之一，《课标》综合与实践相关的部分也要求教师构建与其他学科相结合的主题式学习和项目化活动。通过学科融合的综合探究，教师能更好地构建有意义的学习过程。因此，在深度学习的理念下，教师需要积极地立足学科融合，提出综合性的问题，更好地引导学生把握数学知识与其他学科知识的联系，培养学生的综合实践能力。

例如：在六年级的复习阶段，教师可以开展"体育中的数学"这一主题的学习活动。在这一学习活动中，教师需要以篮球为例，充分展现各个队伍的数据与个人信息。而后，教师就可以提出综合性问题："在这项比赛中，你发现了哪些数学知识？应用所学习的数学知识，你能解决什么问题呢？"这样，通过基于学科融合的综合探究问题，教师有效引导学生将数学知识应用到了体育学科中，切实培养了学生的实践能力，充分凸显了问题的价值，满足了深度学习理念对学习过程价值性的要求。

（三）立足核心素养，合理设置问题情境

以核心素养为导向是《课标》的重要要求，而培养学生核心素养也是深度学习的重要目标。在这样的情况下，能否有效培养学生核心素养是能否构建有价值的学习过程的重要因素。问题的解决过程是培养学生核心素养的重要方法，通过合适的问题，教师不仅能引导学生将生活中的事物抽象为数学关系，还能提高学生的运算、推理等能力，促使学生全面地用数学的眼光观察、思考和表达现实世界，从而满足深度学习的要求。所以，在小学数学问题提出的过程中，教师需要积极立足核心素养，合理设置问题。

例如：在"长度单位——厘米的认识"的学习中，基于培养以数学的眼光观察和思考现实世界能力的考虑，教师就可以以"身体上的尺"为中心构建问题情境。教师需要先创设故事情境：老师傅有事出门，告诉学徒小王客户要做的衣物的长度为四拃，小王照做之后，客户试衣服，结果发现小了，为什么会出现这样的情况呢？在这一过程中，学生能充分认识到身体上的尺是不标准的。而后，教师就可以询问："如果你要用拃测量，如何计算长度呢？"让学生了解自己的手拃有多长，并将其应用于实践中，用数学的思维表达现实世界。这样，通过合适的问题情境，教师有效地培养了学生核心素养，充分凸显了问题的价值。

总而言之，深度学习理念是落实《课标》以核心素养为导向理念的重要方法。在小学数学的课堂提问中，教师既需要注重问题情境的趣味性，也需要合理控制问题情境的难度，更需要将学生能力的培养融入问题的解决过程中。也只有充分落实深度学习的理念，构建有挑战性和价值的趣味问题，教师才能更好地培养学生的能力和素养，满足当前教学理念对学生更高的要求。

参考文献

[1] 许志琴. 基于深度学习视角探索小学数学核心问题教学——以苏教版小学数学教材为例 [J]. 学园，2022，15（27）：45-47.

[2] 王雪莲. 深度学习视野下小学数学高年级课堂提问的有效性研究 [D]. 哈尔滨：哈尔滨师范大学，2022.

[3] 柯尚茹. 促进深度学习的小学数学课堂说理研究——以认识周长的教学为例 [J]. 天天爱科学（教学研究），2019（4）：149.

大概念下引领小学数学单元整体教学策略研究

　　《课标》要求，确立以核心素养为导向的课程目标，其中，以相互联系的大概念学习数学知识是核心素养的重要要求，这不仅需要学生将各学科核心素养联系起来，也需要学生将各个知识模块联系起来。大概念教学是近两三年来提出的理念，其重视对知识的整体理解与架构，关注知识之间的联系，要求教师帮助学生构建完整的知识框架。当前，大概念教学也是充分落实核心素养导向以及《课标》的重要方法之一。在这一理念下，变原本以单个知识点为主的教学方法为以单元为本的教学思路及教学方法，因此实施单元整体教学理念是相当必要的。本文从采用合适方法，展示完整知识结构；注重知识联系，培养迁移应用能力；开展实践活动，培养学生实践能力三个方面对小学数学单元整体教学策略展开研究，旨在更好地将大概念下单元整体教学的理念落实在小学数学的教学实践中，以此培养学生数学核心素养及数学知识的实际应用能力，满足新课程标准对教师及学生更高的要求。

一、采用合适方法，展示完整知识结构

　　大概念教学要求教师注重知识间的联系。在这样的情况下，教师帮助学生构建完整的知识结构相当关键。单元整体教学理念也要求教师基于单

元整体的内容备课，而并非如以往一样只注重单个知识点的学习。这就需要教师在单元教学的过程中加入知识结构图的展示环节，通过合适的方法帮助学生构建完整的知识体系。

（一）利用思维导图，帮助学生厘清知识结构

在大概念教学理念下，能否帮助学生构建完整的知识结构很大程度上影响着单元整体的教学效果。思维导图是以树状结构为主的展现知识的方法，其能有效地将学生思维过程具体形象化，在学生完整知识结构的构建中有着重要的作用。同时，通过思维导图，教师也能一定程度上吸引学生的注意力，从而激发学生的兴趣，提高学生在单元整体教学中的主动性。而基于数学知识密切联系的特点，在日常的教学中，教师不仅需要以思维导图展现单元内部知识点的关系，也需要以思维导图展现各个单元知识间的联系。只有全面帮助学生构建数学知识结构，教师才能更好地将大概念教学落实在单元整体教学实践中，更好地提高教学的效率。

例如：在低年级学生初次接触数学时，教师就可以利用思维导图向学生展现完整的数学知识结构。知识结构展现的主要分支参考六年级总复习中的内容，即数与代数、图形与几何、统计与概率等部分。在之后每个单元的学习中，教师不仅需要精准定位单元知识在整体知识结构中的位置，还需要将单元内的知识再次细分，构建完整的单元内的知识结构。如在教学"运算定律"这一单元，教师一方面需要将运算定律置于"数与代数"模块中合适的位置，另一方面则需要以"运算定律"为中心，将加法交换律、加法结合律，乘法交换律、乘法结合律以及乘法分配律合理填入到不同的分支中。这样，利用思维导图，教师有效地帮助学生厘清了本单元的知识结构，将大概念教学的理念充分落实到单元整体教学实践中。

（二）注重概念探析，充分结合日常生活情境

大概念教学要求学生构建完整的知识结构，这不仅需要学生建立不同知识之间的联系，还需要学生建立数学与生活的联系。如果未能建立数

学与生活的联系，学生对于知识之间的联系往往也是一知半解。在核心素养中，抽象能力要求学生将生活中的事物抽象为数学概念和数学关系。其中，数学概念的有效认知对于学生了解数学知识以及生活之间的联系有着重要的作用。因此，在单元整体教学理念中，教师需要重视概念探析环节，充分结合生活化情境让学生了解本单元的数学概念，为学生构建完整的数学知识结构提供有力的支持。

例如：在"分数的意义和性质"这一单元，在构建思维导图向学生展现本单元知识结构的同时，教师也需要让学生充分理解分数，将分数与日常的生活有机结合起来。教师可以展现4人分水果的情景：在化缘的过程中，猪八戒得到了4个苹果、2个橘子和1个大西瓜。在保障公平的前提下，四个人要怎么分这些水果呢？在回答的过程中，有的学生提出了"一半""一半的一半"的概念，教师就可以引导学生将其与 $\frac{1}{2}$ 以及 $\frac{1}{4}$ 结合起来。在学生充分将所学知识与生活联系起来的情况下，教师就可以询问："分数究竟是什么呢？"让学生总结分数的概念。这样，教师让学生充分将具体的事物抽象成了数学概念和数学关系，有效地引导学生把握了生活与数学的联系，更好地帮助学生构建了完整的知识结构。

二、注重知识联系，培养迁移应用能力

数学是一门知识间有着密切联系和递进性的学科，在数学学习中，掌握前置知识是影响后续知识学习的重要因素。而探究式学习本身就要求学生基于已有知识推理出需要学习的新知识，这对于学生更好地把握知识之间的联系有着重要的作用。所以，在小学数学教学中，教师需要采取多种方法，辅助综合探究活动的开展，培养学生的知识迁移应用能力。

（一）预习前置知识，有效扫清课堂探究障碍

相比教师讲授为主的教学方法，探究式教学法对学生知识基础提出了更高的要求。而作为一门知识之间有着密切关联的学科，是否掌握前置

知识在很大程度上决定着课堂探究的整体效果。"凡事预则立，不预则废"，当今的教学理念更加重视课前的自主预习环节，这一环节以学生自主学习为主，也适合学生自己解决在前置知识中未掌握的问题，为课上的高效探究奠定坚实的基础。因此，要有效基于大概念教学理念构建单元整体的教学模式，教师必须引导学生在预习环节就学会需要掌握的前置知识，从而为课上利用前置知识探究新知识奠定坚实的基础。

例如：在"分数除法"这一单元，如果学生要推理出分数除法的计算方法，必须要掌握分数乘法以及倒数的知识。在课前自主预习的环节，教师就可以将分数乘法以及倒数相关的知识融入预习案中。其主要包括两个部分：一是分数乘法以及倒数的概念和知识解析，二是以此为基础的练习题目。当然，在信息技术的支持下，教师还需要为学生提供相关的微课。在自主学习的过程中，学生要根据自己题目的完成情况选择合适的学习内容。即如果学生在分数乘法相关的题目中错误率较高，就需要将更多的时间用于观看分数乘法微课；如果学生倒数相关的题目错误率较高，就需要重点观看倒数有关的微课。这样，通过前置知识的预习，教师有效地为学生扫清了课堂探究障碍，让学生更好地在单元整体教学中掌握了分数除法、分数乘法以及倒数的联系。

（二）引导一题多解，切实构建学科综合探究

在大概念教学中，教师需要充分引导学生把握知识之间的联系，培养知识迁移应用能力。而在具体问题的解决中，很多问题都不止一种解决方法，通过不同解题方法的探究，学生能有效把握不同知识之间的联系。同时，一题多解的探究也有利于学生发散思维，培养学生的创新能力，让教学收到一举多得的效果。因此，在单元整体教学中，教师需要积极引导学生针对一题多解展开探究，有效发挥数学综合探究任务的作用，让学生更好地把握单元内和本单元与其他单元之间知识的联系。

例如：在"简易方程"这一单元学习中，教师都要求学生用两种方法进行计算，其中一种为常规的计算方法，另一种为方程的计算方法。在这两种方法的应用过程中，学生一方面能充分了解两种计算方法的联系，另一方面也能充分认识到两种方法在不同题目中的简便程度，引导学生能结合实际的应用题目选择不同的方法。而在"将两个大小相等的正方形拼成一个长方形，长方形的周长为12厘米，那么正方形的周长是多少？"一题中，学生不仅需要用方程和常规两种计算方法进行计算，还需要分别将正方形边长和周长设为未知数，再分别通过正方形拼接成长方形的过程中留下和消失的边计算边长。这样，通过一题多解，教师更好地引导学生掌握了知识之间的联系，落实了大概念教学理念。

（三）结合后续知识，积极布置拓展练习作业

数学知识之间有着密切的关联，在数学学科体系中，大多数知识点都有着承上启下的作用。而在单元整体教学中，教师不仅需要关注所学知识与前置知识的联系，也需要关注所学知识与后续知识的联系，这需要教师在本课知识学习之后积极拓展后续知识。但后续知识往往难度更高，并非所有学生都能及时掌握。作业是课堂教学的重要补充，而在当今，基于最近发展区的理念和"双减"政策的落实，分层作业的构建逐渐流行。在作业练习中布置后续的拓展内容，教师给予了学生更大的自主性，从而在不给予学生过重负担的情况下让学生在一定程度上把握本课知识与后续知识的联系，充分落实大概念教学理念。

例如：在"混合运算"这一单元，在包含一级运算的计算教学之后的作业中，教师就可以拓展包含二级运算的计算相关的题目。在包含两级运算的计算过程相关的题目教学之后，教师则可以将带括号的题目布置给学习优秀的学生。而在整个单元学习之后，教师还可以拓展运算定律相关的内容，给优秀学生布置简便计算的问题。这样，通过拓展应用层次的练习作业，教师有效地在本单元的教学中渗透了后续需要学习的知识，更好地让学生了解了知识之间的联系。

三、开展实践活动，培养学生实践能力

大概念教学理念不仅关注数学知识之间的联系，也关注数学知识与其他学科知识的联系，关注数学知识与生活的联系。同时，当今的教学理念也更加注重学生学科知识应用能力的培养。开展实践活动是当今最主要的学习方法之一，基于实践情境生活化和综合化的特点，这不仅有利于学生有效把握不同学科知识之间的联系，对于学生了解数学知识与生活的关联也有着重要的作用。因此，在单元整体教学中，教师需要积极结合所学知识开展综合实践活动。

（一）结合乡土资源，合理布置社会调查任务

在大概念教学理念下，能否引导学生将所学数学知识与其他学科知识充分联系起来相当关键。同时，数学知识的学习本身就有着更好地解决其他学科的问题的考量。社会调查活动是实践作业的重要组成部分，通过合适主题的调查活动，教师能有效引导学生将数学知识应用于其他学科的情境中，这对于学生充分把握数学与其他学科的关联有着重要的作用。而基于学生活动能力有限的考量，在调查活动中，教师需要充分利用乡土资源，更好地保障学生完成学科综合调查任务。

例如：环境污染问题是当今受到广泛关注的一个问题，而结合数学与科学两门学科，在"统计与概率"这一复习单元，教师就需要布置以"噪声污染"为主题的调查活动。在这一活动中，学生需要利用智能手机上的音量大小测量软件，在保障安全的情况下了解学校到自己家的这段路程内不同地方的音量，并做好记录工作。而在做好统计之后，教师可以通过合适的统计图展现其中的数量关系（如距离公路远近和平均噪声），并探究出影响噪声大小的因素。这样，结合乡土资源，教师更好地引导学生将数学知识应用到了其他学科中，有效地在单元整体教学中让学生掌握了数学与其他学科的关系，落实了大概念教学的理念。

（二）融合校园实际，积极开展实践探究任务

要让学生充分将数学知识与生活实践联系起来，积极落实生活化教学理念，开展实践探究活动是相当必要的。这需要教师将学习的情境置于实际生活中，而生活中有哪些素材就成了所开展活动的重要影响因素。基于节约学习时间的考虑，实践探究活动的开展要尽量安排在学校内或学校周边。这就需要教师积极结合校园实际，融合多门学科开展综合实践活动，以便让学生更好地掌握本单元的数学知识与生活的联系，充分落实大概念教学理念。

例如：在"多边形的面积"这一课，在整个单元教学之后，结合校园内拥有的资源，教师就可以向学生布置以"学校人均绿地面积"为主题的探究任务。在这一过程中，学生一方面需要综合应用本单元学习的各种多边形的计算方法，得出每块绿地的面积；另一方面则需要充分利用单元之外的统计的相关知识，调查学校内的人数，并结合生活中的测量工具，选择合适的方法完成测量工作。这样，结合校园实际，教师更好地开展了实践探究任务，让学生在实践活动中充分掌握了知识与知识、知识与生活之间的联系。

总而言之，在当今的教学理念下，教师需要更加关注知识间的联系，积极实施单元整体教学的方法。这不仅需要教师以合适的方法帮助学生构建完整的知识结构，培养学生的迁移应用能力；还需要引导学生将数学知识与生活实践相结合，培养学生实践能力。也只有从联系实际出发，积极开展综合性的课堂教学，教师才能更好地将大概念的理念落实在小学数学教学实践中，有效培养学生的能力和素养，满足新课程标准对学生能力更高的要求。

参考文献

［1］孟范举，李永胜.核心概念统领下的小学数学单元整体教学改进策略研究［J］.吉林省教育学院学报（上旬），2021，37

（12）：29–33.

［2］刘珍妮."大概念"视域下单元整体教学的设计——以三年级下册"解决问题的策略"单元教学为例［J］.小学教学研究，2022（32）：19–21，30.

［3］练亚萍.小学数学单元整体教学设计策略——以"多边形的面积"为例［J］.数学之友，2022，36（17）：39–40.

基于学科融合的小学数学项目化学习策略

相比过去，当今的教学更加重视学科知识综合应用能力的发展，在这样的情况下，如何为学生构建真实且复杂的情境成了教师需要思考的问题。同时，生活中的情境往往也是较为复杂的，难以用单一单元、单一学科的知识解决。基于此，充分将学科融合的理念落实在小学数学的教学实践中是相当必要的。项目化学习是以项目为单位引导学生学习的方法，相比普通的探究式学习，其能更好地凸显学生的主体地位，培养学生的实践和应用能力。同时，项目化学习也是《课标》中综合与实践的组成部分，项目化学习的实施有助于学生把握数学学科与其他学科以及生活实践的联系，更好地培养学生的能力和素养。本文立足于学科融合理念，从各个环节对项目化学习的策略展开研究，旨在更好地以项目化学习提高学习的效率，满足当今社会发展对学生更高的要求。

一、立足所学学科，合理选择项目主题

项目化学习的设计要以现实生活中的问题为重点，综合运用数学和其他学科的知识解决问题，学生能力的培养与项目主题有着密切的关联。如果不能选择合适的主题，那么教师很难有效培养学生数学知识的应用能力。而从教学效率的提高考虑，项目化学习的主题一方面要契合近期的数学学习内容，以保障整体的教学进度；另一方面，教师也需要关注学科融合和生活化教学的理念，基于学生水平选择合适难度的内容。也只有合理

地选择项目主题，教师才能更好地发挥项目化学习的作用，让学生更好地把握各学科之间的联系，满足当今教学理念对学生能力和素养培养的更高要求。

例如：在"比例"这一单元，教师就可以开展以"自行车里的数学"为主题的项目化学习活动。在这一学习活动中，学生既需要关注自行车轮胎、链条和脚蹬，了解其中的比例关系，也需要结合科学学科，学习其中关于三角形稳定性的知识。这样，通过合适的主题，教师有效地通过项目化学习将多种学科的知识结合了起来，有效地落实了跨学科学习的理念，这对于在课堂上更好地培养学生利用所学知识解决实际问题的能力有着重要的作用。

二、合理划分小组，提高学生实践能力

项目化学习要求学生综合运用数学和其他学科知识解决问题，而这样的教学方法也对学生能力提出了更高的要求。小组合作是当今最主要的学习方法之一，但在过去的教学中，教师经常发现，在小组中只有少部分成绩好的学生较为积极，大部分学生参与度不足，各小组之间活动的进度也有着较大的差异。这些都影响了项目化学习整体的效率。在项目化学习对学生多个学科能力都有所要求的情况下，沿用过去较为随意的分组方法已不再合适。多元智能理论将学生能力分为不同的水平，在这样的情况下，能否充分发挥学生特长就相当关键。这就需要教师积极结合学生数学和其他学科的水平，以"同组异质"的原则更加科学地划分学生小组，有效提高学生在项目化学习活动中的实践能力。

例如：在每个学期开始时，教师都需要基于学生水平合理划分学生小组。其中，有考试成绩的学科，主要以学科成绩为评价学生水平的指标；而没有考试成绩的学科，则以学生参与的社团为评价学生水平的主要依据。在充分了解了学生学科成绩之后，教师就可以将学生依照不同学科的水平分层，再进行小组的划分，尽量保证每个小组都有擅长不同学科的

学生，以便让学生小组解决问题的能力更加多样化。而在之后的项目化学习中，教师也能发现学生整体的探究效率更高。这样，通过小组的合理划分，教师有效提高了学生小组的实践能力，为高质量项目化学习活动的构建奠定了坚实的基础。

三、结合信息技术，有效做好情境导入

情境导入是项目化学习的第一步，项目化学习活动的整体教学效率与这一步有着相当密切的关系。如果在一开始就能有效调动学生学习的主动性，那么整个项目化学习活动的效率都会有明显的提升。在这样的情况下，如何以合适的方法激发学生兴趣就成了教师需要思考的问题。当今，教育信息化的步伐正在快速推进，信息技术的发展为教师提供了新颖的教学方法和丰富的教学素材。相比过去教师以讲授为主的导入方法，信息技术提供的视频在快速吸引学生的注意力，提高学生主动性方面有着重要的作用，这也能满足项目化学习中教师教学时间较少，需要快速调动学生主动性的要求。所以，在开展项目化学习活动中，教师需要积极结合信息技术，有效做好情境导入环节。

例如：在"数与代数"这一总复习中的模块学习中，教师就可以利用信息技术播放提前准备好的实景微课。微课视频中有着各种各样的打折信息，既有本区域内商场的促销活动，也有关于线上交易平台上的折扣信息。在充分展现打折信息后，教师就可以引导学生："打折是我们生活中常接触的事情，那么，我们如何选择合适的物品购买方式呢？"为学生定制需要购买的几种物品，让学生利用线上收集信息的方法就所示的折扣信息选择合适的购买方式。由于视频生动形象，在后续的项目化学习活动中，教师明显发现学生更加积极，这有效地提高了整体的教学效率。

四、开展综合探究，引导制订严密计划

相比普通的探究活动，项目化学习活动难度较大，为了让学生更好地

完成任务，教师不仅需要通过合理的小组划分有效提高学生的学习与探究能力，还需要以合适的手段解决学生在自主学习活动中遇到的困难。在过去，完全依靠学生进行的实践活动很容易出现虎头蛇尾和跑题的现象，所以，在项目化学习活动中，教师需要以合适的方法让学生的学习和探究活动变得更有条理性。计划制订是项目化学习的重要环节。通过这一环节，教师能有效引导学生确定后续实践活动的步骤，做好分工工作，让实践活动更有条理性，这对于保障项目化活动的进度有着相当重要的意义。因此，在项目化学习活动中，教师需要积极开展综合探究，引导学生制订严密的计划。

例如：在"圆"这一单元的学习中，教师就可以结合体育学科，以"确定起跑线"为主题开展项目化学习活动。在实践活动开始之前，教师就可以组织学生先进行探究活动。在探究活动中，学生需要首先确定整个项目活动的步骤。如第一步为了解校运动会的田径项目，统计需要用到弯道的项目；第二步为确定测量的方法，了解学校操场的各种数据；第三步为针对每个项目计算从内到外每一圈的起跑位置。而在确定步骤后，学生还需要合理分工，如由擅长数学的学生总领数学计算，擅长体育的学生主导负责体育知识的相关部分。这样，通过严密的计划，教师有效地提高了学生实践的条理性，辅助学生更好地完成了学科融合的项目化学习活动。

五、组织综合实践，培养学生应用能力

自主协作，具体实施是项目化学习最关键的步骤，能否在项目化学习活动中让学生把握数学知识与其他学科知识的关联，提高学生数学知识的应用能力，很大程度上有赖于这一过程的实施。而在这一过程中，能否充分与现实实际相结合，为学生创设具体的情境是影响学生应用能力培养的重要因素。在项目化学习活动的实施中，具体实施这一过程要与学生学段以及学校内拥有的资源充分地结合。这样，教师才能引导学生将数学和其

他学科的知识充分应用于实践中，从而有效提高学生的应用能力，结合生活中的具体情境让学生更好地把握知识之间的内在联系。

例如，结合当今科学学科中有关水和环境保护的内容，在《扇形统计图》的教学中，教师可以开展"水是生命之源"的项目实践活动。在这一实践中，学生一方面需要调查生活中淡水的主要用途，另一方面也需要从网络上收集资料，了解中国人均淡水资源占有量，以及城市生活用水的处理信息等。在调查之后，教师还需要让学生探究节约用水的方法，将自己能想到的方法写在节水卡中，在生活中予以践行。通过生活化资源和学生所掌握知识的结合，教师更好地开展了综合实践活动，让学生将数学和科学知识应用到了"节约用水"的探究与实践中，有效地在项目化学习活动中培养了学生的实践能力。

六、应用演示教学，发挥教师指导作用

在《课标》的要求下，教师需要积极构建以学生为主体，以教师为组织者、引导者与合作者的教学模式，而能否有效在以学生为主的项目化学习活动中充分发挥教师的作用也是影响整体教学效率的关键要素。教师指导是项目化学习的重要步骤，是与实践活动并行的，通过适合的教学指导，教师能有效帮助学生扭转错误的认识，掌握正确的实践方法。陶行知生活教育论倡导"教学做合一"，其提出要以"做"为联系教师"教"与学生"学"的桥梁，对于学生更好地掌握学科知识的应用与实践方法有着积极的作用。而具体到项目化学习的过程中，教师也需要采取手把手展示的演示教学法，更好地在项目化学习活动中发挥自身的指导作用。

例如：在"位置与方向（二）"这一单元的学习中，教师就可以开展"绘制学校附近地图"的项目化学习活动。在学生进行绘制实践的过程中，教师就可以在讲台下巡视，面对出现较大错误或者有较大疑问的学生小组，教师需要提供个性化的指导。如有的学生不明白地图的图例该如何

绘制，教师就需要在纸上做出示范，让学生明白图例包含的要素。通过手把手的演示教学，教师充分发挥了自己的指导作用，让学生更好地完成了项目化学习活动的任务。

七、落实成果评价，创设展现成果平台

《课标》要求充分发挥评价的导向作用，探索激励学习和改进教学的评价。相比过去的评价，成果评价要求教师全面关注学生的学习，采取多元的评价模式。要充分发挥评价的导向作用，教师必须要制定合适的指标，引导学生从正确的方面展开反思。而在项目化学习中，培养学生综合应用多学科知识的能力是教师需要重点关注的目标。在这样的情况下，沿用过去以练习题成绩为主的评价方法不再适合。成果评价是项目化学习的重要步骤，而基于充分发挥评价效果的理念，教师就需要将输入性评价变为输出性评价，以合适的方法为学生创设展现学习成果的平台。

例如：在所有关于体积的内容学习之后，教师就可以开展以"不规则图形体积计算方法"为主题的项目实践活动。在这一实践活动中，学生需要利用容积和比例等知识，通过多种方式探究不规则体积的计算方法。而在活动之后，教师则可以让学生将成果以手抄报的形式展现出来。在评价的过程中，教师需要通过拍照的方式利用多媒体屏幕放大学生成果，并向学生发放评价量表，让学生从正确性、条理性、美观程度等方面进行评价。这样，通过针对作品的输出性评价，教师引导学生就学科融合和知识的应用进行了反思，更好地在项目化学习中培养了学生的知识应用能力。

八、做好归档工作，辅助学生有效反思

"学而不思则罔"，反思是影响学生整体学习效率的重要方法。在终身学习的理念下，数学的学习需要注重日常的积累。教师不仅需要引导学生在课堂上及时进行反思，也需要引导学生在后续的学习活动中通过重复

的反思进一步提高项目化学习活动的效果。归档工作是项目化学习的最后一步，通过归档工作，教师能帮助学生做好学习成果的保存。而相比普通的探究学习，项目化学习的成果更加多样化。这就需要教师通过多种方法做好归档工作，让学生能更好地找到自己项目化学习的成果，辅助学生更好地反思。

例如：在调查报告、手抄报这样以文字为主的项目成果中，教师需要充分利用展示墙和班级图书角。其中，在本次项目活动完成一周内，教师可以将学生的调查报告和手抄报展现在展示墙上，让所有学生观看。在一周之后，教师则可以将这些内容收集起来，放入班级图书角，让想要观看的学生自主观看。同时，在图书角空间不够的情况下，每一个学期或者每半个学期，教师都需要更换图书角中收藏的内容。而对于以实物展示会占据较大空间的学习成果，教师则可以通过照片进行记录，并分享到班级的QQ群、微信群中。通过合适的归档工作，教师能让学生便利地回顾自己的项目化学习成果，这对于学生在后续的学习中更好地反思有着积极的影响。

总而言之，在学生数学知识应用能力的培养中，落实跨学科教学的理念，积极开展项目化学习活动是相当必要的。而在具体的项目化学习活动中，教师不仅需要注重课前的准备环节，以合适的主题选择和小组构建为学生顺利地完成项目实践活动提供有力的支持，也需要充分利用信息技术、问题探究和综合实践等手段，从项目化学习的各个环节优化教学方法，保证教学效果。也只有多管齐下，教师才能更好地构建高质量的跨学科学习活动，充分落实学科融合理念和课程标准的要求，促进学生健康、全面地发展。

参考文献

［1］裴云姣.项目化学习在小学数学学科中的运用策略［J］.小学教学设计，2022（26）：35-37.

［2］蒋励青.小学数学项目化学习的课堂实践与应用策略研究［J］.
名师在线，2022（18）：32–34.

［3］葛祯嫣.用项目化学习方式促进学生深度学习——以小学数学
五年级下册"表面积的变化"为例［J］.数学教学通讯，2022
（6）：56–57.

教学课例

"分数的初步认识"教学

【教材分析】

"分数的初步认识"是人教版2014版数学教材三年级上册第八单元第一课时的内容。这部分教学内容隶属"数与代数"领域，是"数的认识"概念的教学，是学生认识分数的起始课。本课的教学是在学生学习了整数以及平均分的基础上进行的教学，同时也是后续学习几分之几、分数的简单计算和应用的基础，是本单元的教学重点。

从整数到分数，学生的数学学习将要建立一个新的数概念，这对学生来说不仅是知识面的扩展，更是数概念的一次扩展。无论是意义还是读写方法及计算方法，分数与整数都有很大的差异。学生对分数这个概念很陌生，没有什么知识经验，对学习分数的知识有一定的难度，因此人教版教材把关于分数的教学分为了两个阶段：三年级上册和五年级下册。本节课主要借助直观操作，帮助学生理解简单分数的具体含义，给学生建立分数的初步概念，让学生初步认识、理解分数，并进一步发展数感，为进一步学习分数做好铺垫。

本教学从学生郊游时，平均分食物的情境引入。在分月饼时一人一半引入对分数的学习，通过一半可以用分数 $\frac{1}{2}$ 表示，来展开对分数的含义理解的教学。在教学过程中，帮助学生通过实践操作理解一半可以用分数表示。同时又能根据分数，借助操作活动和图示进行解释，这样有来有回的教学安排，可以加深学生对分数的认识。比如，在3次平均分的活动中，用分数 $\frac{1}{2}$ 来表示，然后再拿出正方形的纸折一折，表示出它的 $\frac{1}{2}$，这是根据给出的符号回溯操作活动。在"有来""有回"的过程中，使"平均分""分的是谁就是谁的几分之一"两重意思的理解得到深化，从而加深学生对分数含义的认识。

本节课的学习，需要借助长方形、正方形、圆形等多种图形为学生提供动手操作、独立思考与合作交流的素材，意在引导学生通过大量的直观操作，充分感知平均分的份数与选取的份数之间的关系，不断积累活动经验。通过"数形结合"逐步在头脑中建立分数的表象，进而概括、抽象出分数的含义。

【学情分析】

三年级的学生在生活中接触分数的机会较少，本节课是学生在数学领域第一次接触"分数"这个概念，而且分数知识较为抽象，其理解方式也比较多样。学生初次学习分数会感到困难，而加强直观教学可以更好地帮助学生掌握和理解概念，学好本节课才能为今后继续学习分数等有关知识打下坚实的基础。

因此，在教学时我注重让学生体会到分数来源于生活，而且是在"平均分"的情况下才能产生。在实际的教学操作中，合理定位分数的认知起点，循序渐进地加深对分数的认识。首先认知分母较小的分数，借助分月饼的实际情境得到分数，然后通过分一分、折一折、涂一涂、说一说等活动积累建构分数的初步认知，最后拓展对分母稍大分数的认识。在知识形成的过程中，根据三年级学生的认知特点，用心创设数学活动，为学生提供大量的学习素材。让学生在丰富的操作活动中，经历观察、操作、比较、推理、交流等活动，逐步形成并牢固建立起分数知识的表象意识。

在课堂上，我既重视教师的主导作用，又尊重学生学习的主动性。教学过程中让学生独立尝试、交流共享、碰撞完善，同时鼓励学生记录（动笔）和表达（动口）自己的思维过程，培养学生面对数学问题能用动手分一分、画一画的方式形成思考的意识和能力。

【课标分析】

《义务教育数学课程标准（2011年版）》中课程内容要求：能结合具体情境初步认识分数，能读、写分数，在知识形成的过程中初步形成几何直观的目标。

学生在以往的学习和生活中接触分数的机会比较少，而分数的含义、读法、写法与学生熟悉的整数有很大的差异。因此，在教学中，我们要注重联系学生的生活经验，使学生通过折一折、涂一涂等动手操作活动，认识、感悟分数的含义，比如：利用"秋游户外野餐"唤起学生经验，激发认知冲突，引出新知，体会分数是产生于生活实践的。巩固练习的设计，引导学生通过生活中可以使用分数表示的情况，让学生感知分数在生活中的应用。同时，在学习过程中，注重借助几何直观，给学生提供充分的活动机会帮助他们认识分数。学生通过操作、观察、独立思考与合作交流的过程充分经历几何直观，进而真切感受几何直观的价值，以此达成本节课的教学目标。

【教学内容】

人教版2014版《义务教育教科书·数学（三年级上册）》第八单元《分数的初步认识》第89～91页例1～2的有关教学内容。

【教学目标】

1. 结合具体情境让学生理解并掌握几分之一表示的含义；能通过活动操作表示出几分之一；会正确读、写几分之一，知道分数各部分的名称及表示的含义。

2. 结合观察、操作、比较等数学活动，培养学生的动手操作能力、观察能力以及数学思考与语言表达能力，并能解决简单的生活问题，获得积极的情感体验。

3. 在初步认识分数的同时，了解分数产生的有关文化，体验数学与生活的密切联系，提高学习数学的兴趣。

【教学重难点】

教学重点：初步理解分数的意义，掌握只有平均分才能用分数表示，能通过实际操作表示出几分之一。

教学难点：理解分数的含义，体会只有把一个物体或图形平均分成几份，其中一份才是它的几分之一。

【教学准备】

教具：多媒体课件、磁扣、板贴、实物展示台、三角尺。

学具：每人一张长方形、正方形、圆形纸片，学习纸一张，水彩笔一支，直尺一把。

【教学过程】

（一）情境引入

师：同学们，你们喜欢郊游吗？（喜欢）在郊游活动中，大家都喜欢把自己带的零食与小伙伴们一起分享，聪聪和明明在分月饼的时候遇到了问题，我们一起去帮帮他们。

师：4个月饼分给2个人，可以怎么分？

生：每人分2个。

（幻灯片同时呈现分4个月饼给2个人的过程）

师：你真的厉害，这种分法很公平。像这样每份分得同样多，这种分法在数学上我们叫作什么？

生齐说：平均分。

师：那2个月饼平均分给2个人，每人分得几个呢？

生：每人分1个。

师：说得真好，每人分得1个。

（幻灯片同时呈现分2个月饼给2个人的过程）

师：那如果只有1个月饼你还会平均分吗？

生：分一半。

师：你们说得真不错，真是一群小机灵鬼，那谁能帮我来分一分？

生：把这个月饼这样切一下，每人就分到一半。

师：你是怎么切的？

生：从中间切。

师：你是想把月饼从中间平均分成2份，这一份就是月饼的一半。那另一份呢？（教师一边用PPT呈现分的过程，一边用手势指出其中一份是整个月饼的一半）

师生齐说：另一份也是月饼的一半。

（二）探究新知

1. 引入 $\frac{1}{2}$，揭示课题

师：那你知道"一半"用什么数来表示吗？

生1：用 $\frac{1}{2}$ 表示。（评价语：你可真厉害，知道的可真不少。）

生2：用0.5表示。（评价语：这主意不错，给你点赞。）

生3：50%。（你是数学小天才，都知道百分数了。）

师："一半"到底怎么表示呢？请大家看视频并思考：数学上用什么数来表示"一半"？（播放数学文化一半的产生）

师："一半"在数学上用分数 $\frac{1}{2}$ 来表示，这就是我们今天要认识的新

的数——分数。（引出课题：分数的初步认识）

2. 理解月饼的 $\frac{1}{2}$ 的含义

师：我们会读、会写 $\frac{1}{2}$ 了，那我们来看这个月饼，它的 $\frac{1}{2}$ 在哪里呢？

是如何得到的？（请一学生前去操作分月饼，边分边说出它的 $\frac{1}{2}$。）

生1：把这个月饼从中间切开，每份是这个月饼的一半，每份就是 $\frac{1}{2}$。

师：从中间切开就是把月饼平均分成几份？

生1：分成2份。

师：每份就是月饼的多少？

生1：每份就是这个月饼的 $\frac{1}{2}$。

师：你真厉害，那你能完整地再说一说吗？

生1：把一个月饼平均分成2份，每份就是这个月饼的 $\frac{1}{2}$。（评价语：

说得好不好？）

师：谁想再来和大家说一说？

生2：把一个月饼平均分成2份，每份就是这个月饼的 $\frac{1}{2}$。

师：同学们，这位同学说得怎么样？那我们把掌声送给他。

学生边齐说，教师边板书：把一个月饼平均分成2份，每份是这个月

饼的一半，也就是它的 $\frac{1}{2}$。

师生一起借助PPT分月饼的过程，再次理解 $\frac{1}{2}$ 的含义。

3. 合作交流其他物体的 $\frac{1}{2}$

师：好了，同学们，我们找到了月饼的 $\frac{1}{2}$，那下面物体的 $\frac{1}{2}$ 你能找到吗？（一个苹果的 $\frac{1}{2}$，一块蛋糕的 $\frac{1}{2}$）

同桌合作交流，集体交流评价。

师总结：不管我们分的是月饼、苹果，还是蛋糕，我们都是把这个物体平均分成2份，每份就是它的 $\frac{1}{2}$。

4. 动手操作图形中的 $\frac{1}{2}$

师：我们找到了物体的 $\frac{1}{2}$，那如果是图形呢，你还能找到它的 $\frac{1}{2}$ 吗？

（1）出示操作要求，学生读活动要求，教师对活动要求做简单解释。

（2）学生操作活动，教师巡视指导，并让学生把自己的作品展示到黑板上。

（3）集体汇报交流评价。

汇报：找一名学生上台说一说是如何表示出图形的 $\frac{1}{2}$？

师：未涂色的部分是否也可以用 $\frac{1}{2}$ 来表示？

（剩下的图形作品直接让学生判断是不是表示它的 $\frac{1}{2}$）

师追问：这些图形形状不同、折法也不同，那为什么都能用 $\frac{1}{2}$ 来表示呢？

引导学生说出，不管是什么图形，只要把这个图形平均分成了2份，每份就是这个图形的$\dfrac{1}{2}$。

5. 小练习：判断$\dfrac{1}{2}$

下图中哪些图形中的涂色部分是它的$\dfrac{1}{2}$？哪些不是？是的打"√"，

不是的打"×"，并说出理由。

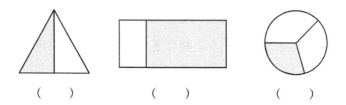

（　　）　　　　　（　　）　　　　　（　　）

师：第一个是对还是错？

生：对，是它的$\dfrac{1}{2}$。

师：你能说说你的理由吗？

生：因为它把三角形平均分成2份，每份就是它的$\dfrac{1}{2}$。

师：第二个呢？对还是错？

生：错。

师：为什么错？

生：因为两部分大小不一样，没有平均分，不能用$\dfrac{1}{2}$来表示。

师：好，那最后一个是对还是错？

生：不对，因为没有平均分成2份，不是$\dfrac{1}{2}$。

师：那请同学们仔细观察，把一个圆平均分成3份，其中的一份可以用一个分数表示吗？

生：$\frac{1}{3}$。

师：是的，把一个整体平均分成2份，每份是它的$\frac{1}{2}$。如果把一个整体平均分成3份，每份就应该是它的$\frac{1}{3}$，如果平均分成4份呢？

生：$\frac{1}{4}$。

师：看来有好多这样的分数。那你还想认识哪些这样的分数？

生：$\frac{1}{3}$、$\frac{1}{4}$、$\frac{1}{5}$、$\frac{1}{6}$、$\frac{1}{7}$、$\frac{1}{8}$……

6. 认识几分之一

（1）明确活动要求，学生动手操作。

师：先找位同学来读一下活动要求。明确要求了吗？好的，那剩下的时间交给你们了，快来表示出你们喜欢的分数吧！

（2）汇报交流。

（找一位同学上台汇报自己表示出的几分之一，剩下的图形直接让学生判断出分别表示的是几分之一。）

（3）同桌合作交流，说一说是如何得到的几分之一。

7. 学习分数各部分的名称及含义

师：好了，同学们，我们来看，前面我们认识了$\frac{1}{2}$和$\frac{1}{3}$，现在你们又找到了$\frac{1}{4}$、$\frac{1}{8}$，其实像这样的数，都是分数。（出示分数完整的定义）分数还有自己独特的各部分名称，我们以$\frac{1}{3}$为例，快来一起看一看吧！

这条横线叫作分数的分数线，它表示把一个整体平均分；3叫作分数的分母，表示平均分的总份数，一共有3份；而1叫作分数的分子，表示其中的每一份就是它的$\frac{1}{3}$。好，你们记住分数各部分的名称了吗？

以$\frac{1}{3}$为例，让学生说3叫什么，1叫什么，横线叫什么。

（三）巩固应用

师：好了，同学们，通过今天的努力，我们不仅知道了什么是分数，还知道了它各部分的名称，那你们想不想来挑战一下，玩一个闯关游戏？

第一关：慧眼辨分数

下图中的分数能表示各图中的涂色部分吗？能表示的打"√"，不能表示的打"×"。

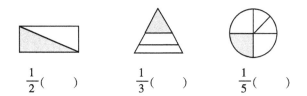

第二关：巧手写分数

用分数表示图中各种图形中的涂色部分。

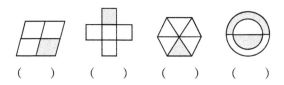

好，下面考考你的书写能力。请拿出课前发的小题页，认真读题，按要求快速地写出这些分数。

第三关：妙口说分数

说出生活中下面巧克力图形的分数。

俄罗斯

（四）回顾反思

通过本节课的学习，你们有哪些收获？（生自由发言）

PPT回顾整理：

通过生活中平均分月饼的情境，我们知道月饼的一半可以用一个新数

分数$\frac{1}{2}$来表示，通过操作，理解了把一个图形平均分成2份，每份都是它

的$\frac{1}{2}$；学会了如何表示图形的几分之一；学会了用数学知识解决生活中的

有关问题。

【板书设计】

分数的初步认识

把一个月饼平均分成2份，每份是这个月饼的一半，也就是它的$\frac{1}{2}$。

像$\frac{1}{2}$、$\frac{1}{3}$、$\frac{1}{4}$、$\frac{1}{8}$……这样的数，都是分数。

1 ……分子

— ……分数线

3 ……分母

【教学反思】

本节课是学生认识分数的起始课，也是《分数的初步认识》第一课时的教学内容，根据三年级学生的认知特点，他们第一次接触分数，理解其概念有一定困难，故本节课的教学设计注重学生的动手操作建构新知识的能力，并利用几何直观帮助学生理解几分之一表示的含义。在教学过程中，帮助学生通过操作会用分数表示，同时又能根据分数，用操作活动和图示进行解释，这样有来有回的教学安排，加深了学生对分数的认识。

（一）情境引入，唤起认知

利用生活中分食物的情境，引入不能整分时分得一半可以用分数来表示，由于时间关系，没有让学生尝试创造 $\frac{1}{2}$，而是借助数学文化"如何表示一半"引入本节课知识的学习，从课堂效果来看，学生能通过操作活动理解 $\frac{1}{2}$ 的含义，并达成了教学目标。

（二）操作活动，探究新知

本节课安排了两个活动，第一个活动目的是让学生找出图形的 $\frac{1}{2}$，学生通过分食物得到 $\frac{1}{2}$ 的学习，很容易达到了本活动目的。在同伴互助交流中深入理解：同一个图形，折法不同都能用 $\frac{1}{2}$ 表示，不同图形只要平均分成2份，每份都是它的 $\frac{1}{2}$。第二个活动目的是让学生根据几分之一的分数，会操作并能用图示表示，学生根据前面的学习经验，快速地完成了本环节的学习，并且想法创新，超出了教师的预设，出现了 $\frac{1}{4}$、$\frac{1}{8}$、$\frac{1}{6}$、$\frac{1}{16}$……学生在集体交流评价过程中，深入地理解了把一个图形平均分成几份，每份就是它的几分之一，课堂进行到这里，学生对分数的概念有了初步清晰的认识和理解，同时又水到渠成认识了分数各部分的名称及含义，对分数的认知理解又加深了。

（三）巩固应用，拓展延伸

本节课知识的练习共分两个环节，第一环节是巩固新授新知的过程，是为了加深对 $\frac{1}{2}$ 的认识，另一环节是整堂课学习目标的达成练习，第一题是对分数含义理解的判断；第二题是用分数表示阴影部分的面积，巩固正确规范书写分数；第三题是生活中的分数，呼应课堂伊始的学习，让学生感受数学来源于生活而又应用于生活，感悟学习数学的价值。

本节课虽然很好地完成了教学目标，但是学生的口头表达能力还需要提高，他们规范、准确地描述分数含义的能力还需要强化。同时课堂上还需要大胆放手让学生说，不能引导得太多，限制学生思维创新能力的发展。

【效果分析】

本节课的教学重难点是通过操作活动使学生初步认识几分之一的含义，建立分数的初步概念：把一个物体平均分成若干份，取其中的一份可以用几分之一来表示。

教学伊始，我利用"秋游野餐分食物"的情境，借助学生熟悉的"一半"引入分数的学习，同时对于二分之一这个数用数学符号如何表示？我没有让学生通过创造，经历符号的产生过程，而是通过数学文化 $\frac{1}{2}$ 的产生，引入分数 $\frac{1}{2}$ 的读、写，这样设计的效果是节省了时间，并使学生会正确地读、写分数。

新知探究环节，从怎么得到一个月饼的 $\frac{1}{2}$ 作为认知理解的起点，让学生操作、充分交流，从而理解把一个月饼平均分成2份，每份是这个月饼的一半，也就是它的 $\frac{1}{2}$。同时利用知识迁移，让学生理解一个苹果的 $\frac{1}{2}$，一块蛋糕的 $\frac{1}{2}$。从而感受许多事物的一半，都可以用 $\frac{1}{2}$ 来表示。通过操作图形的 $\frac{1}{2}$，进一步感受数学模型的作用。这个环节中，学生的动手操作、观察、总结交流的能力得到了提高，初步建立了分数表象。

分数的深入学习环节，第二次的操作活动，让学生用学习 $\frac{1}{2}$ 的经验作为依托，通过画一画、折一折等活动，认识理解 $\frac{1}{3}$、$\frac{1}{4}$、$\frac{1}{8}$ 等分数的含义，使学生形成正确的分数表象，进一步体会分数的具体含义，通过两个不同层次的操作活动，让学生对分数的概念有了清晰的认知，培养学生利用几何直观帮助思考、解决问题的意识和能力。

本节课通过不同层次的练习，达成了教学目标，新知学习的过程中判断 $\frac{1}{2}$，让学生及时巩固对二分之一的认知，通过最后一个可以用 $\frac{1}{3}$ 表示引入对其他分数几分之一的学习，过渡自然，新知的形成水到渠成。巩固应用环节的练习，从基础练习说一说、写一写，到拓展生活中的分数应用，尤其是巧克力中可以发现几分之一的练习，发散了学生思维。本节课，学生积极参与，学习氛围浓厚，教学目标顺利达成，不仅养成了良好的学习习惯，也提高了自主学习能力。

（本课例荣获山东省2020年"一师一优课、一课一名师"活动省级"优课"）

"圆的认识"教学

【教材分析】

青岛版五四制教材，圆的认识安排在五年级下册，本单元包括圆的认识、扇形的认识、圆的周长和圆的面积三个信息窗的教学内容，是在学生学习了直线图形的认识和周长、面积计算，以及对圆有了初步的感性认识的基础上进行教学的。这部分知识为第四单元学习圆柱、圆锥等知识和绘制简单的扇形统计图奠定了基础。

人教版六三制教材，圆的认识包括的教学内容有六年级上册圆的认识、圆的周长和圆的面积，缺少扇形的相关知识，还有六年级下册的圆柱和圆锥的知识。

北师大版教材关于圆的教学内容安排了圆的认识、圆的周长、圆的面积，扇形和扇形统计图，对称图形。其对本课时的教学目标及要求与青岛五四制教材基本相同。

圆的认识也是学生学习曲线图形的开始，由于学生已经对圆有了初步的感性认识，教材安排用情境图出示古今交通工具，旨在解决"车轮为什么设计成圆形的"问题，由此引入学生对圆的知识的求知欲望，展开对圆的知识的学习。本节内容的第一个知识点：认识圆，了解画圆的方法并会用圆规画圆。教材中呈现了两种画圆的方法，意图是让学生在尝试不同的画圆方法后，理解圆是到定点的距离等于定长的点的集合的基本特性。教材中还呈现了圆规画圆的步骤：两脚叉开（定长）——固定针尖（定点）——旋转成圆（旋转一周）。这是本节知识的一个重难点，意图是让学生更好地理解和掌握圆的定义。本节内容的第二个知识点：认识圆各部分的名称。教材在呈现认识圆各部分的名称的知识时，有图形、有文字，并且用红色底色做衬，文字字体颜色不一，目的是让学生看起来一目了然。如果这部分知识采取学生自学的方式，醒目的字样便于学生对重点需要学习的知识有个提示的作用，这样有层次的安排能让学生在前面学习的知识的基础上，对圆的知识有了进一步的了解。本节内容的第三个知识点：探究半径、直径的特征及关系。这是本节课的一个重难点，教材通过图文并茂的方式提供了不同的探究方法，如在讲解圆有无数条直径与半径时，引导学生用折一折、画一画的方法来研究，并且在折一折教学时，还提示学生结合以前学习的知识理解圆是轴对称图形，并且有无数条对称轴，这条对称轴正好是我们今天所认识的圆的直径，从而让学生想象出圆有无数条直径。在探究圆的直径与半径关系时，教材采用了量一量的方法来研究，教材这样的安排和设计，为学生合作探究学习提供了研究方法。为了让学生在认识圆并掌握了圆的特征后，可以用圆的知识来解释生活中的现象，教材又出示了"我明白车轮为什么设计成圆形的了"。这样的首尾呼应让学生深刻地理解了数学来源于生活且应用于生活的课程理念，让学生体会到学习数学的生活价值，从而增强学习数学的积极性和主动性。

学生从学习直线图形的知识，到学习曲线图形的知识，不论是内容本身，还是研究问题的方法，都有所变化。教材通过这样的安排，学生初步认识了研究曲线图形的基本方法，同时也渗透了曲线图形和直线图形的关系。这样不仅扩展了学生的知识面，而且从空间观念方面来说，进入了一个新的领域。因此，教材将知识结构这样有层次、有条理地呈现，使新知识迅速纳入旧知识结构中，降低学生学习的难度，符合学生学习的认知规律，这样不仅能加深学生对周围事物的理解，提高解决简单实际问题的能力，而且后续学习的圆的周长、面积及圆柱体都是以圆为基础，所以本节课圆的认识是几何知识的一个重要阶段，起着承上启下的作用。

本信息窗分两个课时进行教学，第一课时为圆的认识；第二课时为圆的再次认识及扇形的认识。本节课是第一课时的教学内容。

【学情分析】

小学五年级学生的思维处于经验性的抽象逻辑思维阶段，此时的抽象逻辑思维在很大程度上仍然直接与感性经验相联系，仍然具有很大成分的具体形象性。这个年龄段的学生虽然有丰富的生活体验和知识积累，但空间观念比较薄弱，动手操作能力还欠缺，学生学习水平差距也逐渐变大，小组合作意识不强。在知识结构上，他们在低年级已经对圆有了初步认识，加之生活中圆比较常见的缘故，已经有了一定的感性积累，只是在概念上尚不具体化，往往把圆形物体的表面看作圆，不知道用圆规画出来的那条封闭曲线才是圆。而以前学习的长方形、正方形等是直线平面图形，圆则是曲线平面图形，估计学生在动手操作、合作探究方面会存在一些困难。

鉴于本学段学生的特点，在教学时我稍微改变了一下教材的编排意图，没有引导学生感知用图钉、细线、铅笔画圆，而是借助圆形物体画圆，可是圆形物体画圆大小不能改变，有它的局限性。在这种矛盾的驱使下，紧接着介绍用圆规画圆。圆规是小学生第一次使用的作图工具，他们带着好奇心和极大的兴趣，按捺不住自己会跃跃欲试，由于他们动手操作能力并不是太强，所以达不到理想的效果。但是作为教师对于学生这种心理，我们要给予满足，让他们试着画圆，在画的过程中，学生体会到用圆规画圆也不是轻松就能完成的，肯定有秘密存在，在学生这种求知欲的驱动下，教师再示范画圆，并给学生提出观察要求：画圆是按照什么步骤进行的？这种情境下的学习定会达到事半功倍的效果。

小学五年级的学生已经具备了自学有关知识的能力，对于圆的各部分的名称，完全可以让学生自主学习完成。由于学生对圆形与圆混淆不清，对"圆上"的理解也就比较困难，由于"圆上"认识不清，半径、直径两个概念也就无法正确地理解。所以在检测自学成果时，我设计了帮助学生厘清点在"圆上""圆外""圆内"理解，从而让学生正确地理解了半径和直径。"半径、直径的特征""半径、直径之间的关系"这些知识不是学生经验，也不是我们想象中的"一团雾水"，而是"早已掌握"。因此，这些知识我们大可不必花费过多的时间和精力去探究，而要注重学生探究工具的使用和探究方法的指导。

探究的结果需要空间观念的支撑，而本学段的学生虽然有了初步的空间观念，但是还比较薄弱，更多地体现在极限的思想上，为了解决这个思维误区，借助多媒体教学，引入"大方无隅"又从另一个角度高度概括了圆的本质，让学生初步感悟"量变导致质变"的哲学思想，让学生体验到"无限"世界中的神奇与美妙，空间观念也得到了进一步的加强。

【课标分析】

（一）课标要求

《义务教育数学课程标准（2011年版）》在"学段目标"的"第二学段"中提出了"探索一些图形的形状、大小和位置关系，了解一些平面图形的基本特征，掌握测量、识图和画图的基本方法""初步形成空间观念，感受几何直观的作用""能探索分析和解决简单问题的有效方法，了解解决问题方法的多样性，经历与他人合作交流解决问题的过程""在运用数学知识和方法解决问题的过程中，认识数学的价值"。

《义务教育数学课程标准（2011年版）》第二学段"课程内容"中对"图形与几何"领域提出了这样的目标：通过观察、操作、认识平行四边形、梯形和圆，认识扇形，会用圆规画圆。

（二）课标解读

结合本节课的内容特点，我认为必须从知识技能、数学思考、问题解决、情感态度四个教学目标去落实。

开课伊始，让学生观察和举例说出生活中的圆形现象，通过实物抽象出平面图形——圆，让学生交流画圆的方法——借助圆形物体画圆，让学生理解生活中的圆形现象及数学上的圆。在尝试和学习圆规画圆时，让学生感知和理解圆是由曲线围成的平面图形，它不同于我们之前学习的直线平面图形，通过自主学习，学生知道圆各部分的名称，在理解和掌握圆的特征时，学生通过观察、动手操作、抽象概括、合作学习来解决，当然在难点的理解上借助信息技术手段进一步发展学生的空间观念，建立几何直观。

《义务教育数学课程标准（2011年版）》在前言中明确指出："数学是人类文化的重要组成部分，数学素养是现代社会每一个公民应该具备的基本素养。"如何在课程实施过程中践行并彰显数学的文化本性，让文化成为数学课堂的一种自然本色，在《圆的认识》一课我做了一点粗浅尝试。教学伊始，我选择从最常见的自然现象引入，引发学生感受圆的神奇魅力；探究结束，我介绍了中国古代关于圆的记载："圆，一中同长也。"从宏观的视野丰富学生的认知视域；在渗透极限的思想时，我引入老子的经典概括"大方无隅"，最后，欣赏生活中的圆，用最完美的圆设计美丽的图案，帮助学生在丰富多彩的数学学习中层层铺染、不断推进，努力使圆所具有的文化特性浸润于学生的心间，成为学生数学学习中的不竭动力源泉，让数学课堂摆脱原有的习惯思维，在整节课上学生都置身于鲜活的文化背景，都浸润在数学知识的发展演变过程中，真正体会到数学的美。

"学习有价值的数学"也是《义务教育数学课程标准（2011年版）》中提出的基本理念之一。学习数学的最终目的在于应用数学知识解决实际问题，在巩固应用环节，我设计了"生活中怎样画半径为10米的大圆"和运用今天学习的圆的知识说一说"车轮为什么设计成圆形的""车轴应该装在哪里"，这样可以锻炼学生应用刚刚学习的知识，帮助学生加深对知识的理解，培养了学生综合运用知识探索解决实际问题的能力，同时练习又注重与生活的联系，这样的练习学生乐于参与，也有实效。

【教学内容】

青岛版（2013版）五四制五年级下册，第2页信息窗1——交通中的圆。

【教学目标】

1. 知识技能：在交流画圆及尝试画圆的过程中领悟画圆的方法，会正确使用圆规画圆，能结合自学、交流、探索等活动，准确理解"圆心、半径、直径"等概念及它们之间的关系。

2. 数学思考：引导学生经历探索、发现、创造、交流等丰富多彩的数学活动过程，并在这一过程中深刻把握圆的特征，发展学生的空间观念和数学交流能力。

3. 问题解决：使学生学会从数学的角度认识世界、解释生活现象，逐步形成"数学的思维"习惯。

4. 情感态度：使学生初步体会圆的神奇及其所包蕴的美学价值。

【教学重难点】

教学重点：在观察、操作等活动中发现圆的有关特征。

教学难点：画圆并探究归纳圆的特征。

【教学准备】

教具：多媒体课件、圆规、三角板、圆形物体（教师准备若干圆形纸片）。

学具：圆规、直尺。

【教学过程】

（一）欣赏引入

师：同学们，你们是否留意观察过，在我们生活的大自然中，有许多奇妙的圆形事物，我们一起来欣赏。

（多媒体播放美丽的图片）

师述：平静的水面滴下雨滴、美丽的向日葵、盛开的鲜花、晴日的骄阳、夜晚的月亮，有人说因为有了圆，我们的世界才变得如此美妙而神奇，今天这节课，就让我们一起走进圆的世界，探索圆的奥秘。

（二）探究新知

知识点一：认识圆并会用圆规画圆

1. 说说生活中的圆形

师：在我们日常生活中，你们在哪儿见过圆形？

生：钟面是圆的，纽扣是圆的，吃饭的盘子是圆的，车轮是圆的……

师：同学们，你们觉得这样说下去能说完吗？（不能）正所谓圆无处不在（接着出示课件展示碟片、钟面、硬币、盘子图）

师述：如果我们沿着这些物体的边缘画一周，就会得到一些大小不同的圆。（多媒体演示沿边缘画，并移出圆。）

2. 学习画圆

（1）了解画圆的方法

师：大家看这些圆漂亮吗？（漂亮），你们想不想画一个圆？（想）那你用什么方法来画圆？

生：用圆规画圆。

师：是的，用圆规画圆是我们数学上常用的画圆方法，等一会儿我们再介绍。有没有同学有别的方法？

生：借助圆形物体画圆。

师：借助圆形物体怎么画圆？你能说说吗？

生：把一个圆形的物体放在纸上，然后沿着它的边缘画一周，就能得到一个圆。

师：这个同学很聪明，想到用圆形物体来画圆，大家来看，如果沿着圆形物体来画圆，大小能改变吗？（不能）刚才有个同学提到用圆规画圆，现在我们学习用圆规来画圆。

（2）学习用圆规画圆

① 学生尝试画圆。

师：同学们，请拿出你们的圆规，在老师发的作业纸上试着画一个圆。

教师巡视尝试画的情况。

② 教师示范画圆。

师：老师观察发现，有的同学画的不够理想，接下来看老师画一个圆。

教师拿出圆规边操作边讲解。

师：首先，我把圆规的两只脚张开，老师是不是把两只脚之间的距离固定了（是），接着看，我想在黑板这里画一个圆，就在黑板这里点一个点，其次我把圆规带针的一脚固定在这一点上，用手捏住圆规的顶端上部，最后旋转一周。同学们请看我是不是画了一个圆？

生：是。

师：同学们观察得很仔细，老师刚才是按什么步骤画圆的？哪位同学再来说说？（板书：1.定长　2.定点　3.旋转一周）

师：其他同学，你们有没有发现，老师是用这样的步骤画圆的吗？

生：是。

师：你们想用这样的步骤在作业纸上再画一个圆吗？

生：想。

师：这次老师有个小小的要求：在不同的位置画一个和刚才大小不同的圆。

学生再次画圆。

③ 沟通定长、定点和圆的大小和位置的关系。

教师巡视再画圆的情况，拿一名学生的作业进行展示评价。

师：老师发现这次同学们画的圆都很好，谁来说说他两次画的圆为什么大小不一样呢？

生：圆规两只脚张开的距离不一样。

师：也就是说定长决定圆的大小，定点就决定圆的位置。

④ 认识圆是曲线图形。

大家看这里（课件）：这是我们今天学习的圆，这些是以前学习的平面图形，请同学们认真观察，它们有什么不同？

教师指出圆是由曲线围成的平面图形、没有角，长方形、正方形等是由四条线段围成的平面图形，都有角。

知识点二：认识圆各部分的名称

1. 认识圆心

师：请同学们拿出圆形纸片，把它对折，然后打开；换个方向再对折、再打开；再换个方向对折、打开。

（稍候片刻）提问：同学们，我们对折一次得到一条折痕，那对折三次得到几条折痕？

生：三条。

师：你们发现了什么？折痕相交于一点，我们就把这一点叫作圆的圆心，圆心用字母 O 来表示。

（多媒体适时演示）

师：请同学们在自己对折的圆里找到圆心，并且用字母表示。

2. 认识半径和直径

师：关于圆里其他部分的名称，同学们请自学大屏幕上的内容，相信你们会有新的收获。

学生自学。

交流自学情况：

师：理解圆上、圆外、圆内的点，大家自学完了吗？

生：完了。

师：老师检查一下学习情况。（教师在圆上点一个点）这个点在圆的哪里？

　　帮助学生准确理解表述圆上，再在圆上点个点，这个点也在圆上。然后在圆外再点一个点。

　　师问：这个点在哪里，在圆外（然后在圆里点一个点）。

　　生：一共点了4个点，先点两个圆上的点，再点圆外的点，最后点圆内的点。

　　师：（交流半径）看老师来画一条线段，（老师边画边问）我是从哪里开始、又在哪里结束的呢？

　　生：从圆心开始到圆上结束。

　　师：那它叫什么名字？

　　生：半径。

　　师：用字母什么来表示呢？

　　生：r。

　　师：（交流直径）通过自学你还学到了什么呢？（直径）直径的2个端点在哪里呢？

　　生：圆上。

　　师：那老师这样画直径可以吗？（故意把三角尺放的不通过圆心）

　　生：不可以。

　　师：为什么？

　　生：因为直径还要通过圆心。

　　师：哦，直径2个端点仅仅在圆上也不行，还要通过圆心。画一条直径，追问直径可以用什么字母来表示？

　　生：d。

　　师：看来同学们自学得都非常认真，比较仔细，现在在你自己画的圆上标出圆心，画出一条直径和一条半径，并分别用字母表示。

　　学生画，教师巡视一圈。

　　展示作业。

　　师问：同学们和他的一样吗？（一样）

3. 沟通半径、圆心和圆的大小和位置的关系

师述：联系刚才的画圆方法，想一想，圆规两脚间距离实际就是圆的什么？（板书：半径）

固定的点就是圆的什么？（板书：圆心）圆的大小由圆的什么决定（半径）圆的位置由圆的什么决定？

生：圆心。

师：我们通过自学理解了什么是半径，什么是直径，老师这里有一些题目，大家来看一下。

4. 评测练习

找出图中的半径、直径，并说出为什么？

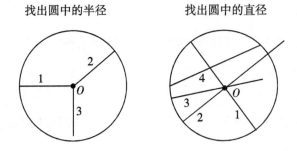

找出圆中的半径　　　　　找出圆中的直径

通过此题，学生学会了正确判断半径、直径，加深对圆的半径、直径的认识。

知识点三：**探究半径、直径的特征及关系**

师：看来同学们确实理解了什么是半径，什么是直径，圆里还有很多奥秘需要我们进一步研究。出示大屏幕内容：

1. 探索发现

在同一个圆里，有多少条半径、多少条直径？

在同一个圆里半径的长度都相等吗？直径呢？

在同一个圆中，直径的长度与半径的长度有什么关系？

师：你们想自己研究这些奥秘吗？

生：想。

师：接下来的学习我们以小组为单位，请同学们利用自己手中的圆形纸片、直尺、圆规等学习工具，通过动手画一画、比一比、折一折、量一量，相信你们一定会有新的发现。

2. 小组合作活动，教师巡视指导

学生开始活动时，教师先在黑板上写上（半径、直径）。

教师巡视指导。

3. 集体交流

教师指名学生回答，根据学生回答完成板书。回答时让学生说说这些特征是怎样发现的。

预设：

生1：直径的长度是半径长度的2倍。

师追问：这个关系还可以怎么说？（半径长度是直径的一半）用字母怎样表示这个关系？（板书：$d=2r$、$r=d÷2$）质疑：直径真的是半径的2倍吗？真的吗？（真的）那用你的圆和老师黑板上的圆相比，直径还是半径的2倍吗？总结得出在同一个圆里（板书：在同一个圆中）

生2：直径有无数条且长度相等。

师追问：你怎样发现的？（用直尺量一量自己所画的圆中直径的长度）

提问学生有没有补充，可以提示学生结合画圆来理解，强调要"在同一个圆中"。

生3：半径有无数条且长度相等。

师追问：你是怎样发现的？（通过测量发现半径长度相等）

师：因为直径有无数条，半径也有无数条，所有直径长度相等，半径长度是直径的一半，所以半径也相等。

4. 回顾小结

多媒体演示帮助学生加深理解圆的有关特征，培养学生的空间想象能力。

师：同学们，你们知道吗？早在两千多年前，我国著名的思想家墨子在书中就有记载"圆，一中同长也"，谁能结合圆的有关知识说说对这句话的理解。

师指导：一中指的是哪个，就一个，是谁？同长是指同一个圆中所有半径或直径都相等。

（三）巩固应用

1. 练一练

看到下面的图形，你能想到什么？

（1）出示一个半径为3厘米的圆。

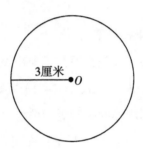

（2）出示一个直径为3厘米的圆。

（3）出示一个直径为9厘米的半圆。

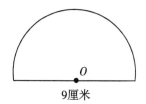

9厘米

师：这是一个圆吗？不是，只是一个半圆？

（4）教师指着上面直径为9厘米的圆。

师：外边加上一个长方形。你知道长方形的长和宽分别是多少？

2. 猜一猜

$r=4$厘米 $d=4$厘米

师：猜一猜，这两个圆哪个画出来大一些？你是怎么想的？

3. 想一想

在操场上要画半径为10米的一个大圆，可以用什么方法？

先让学生说说可以用哪些方法，然后让学生观看画大圆的动画。

结语：绳子的长度是我们画圆时的定长，砸桩其实就是我们画圆时的定点，其实在生活中，人们经常用这种方法来画比较大的圆。

4. 说一说

师：为什么车轮都要做成圆的，车轴应装在哪里？

教师指出：车轮之所以做成圆形，是因为圆形边缘光滑、摩擦小，滚起来较快；车轴装在圆心上，这样车轴与地面的距离与半径相等，车轮滚动时，就不会上下颠簸，可以保持平稳。

（四）总结收获

师：同学们，短短一节课马上要结束了，通过这节课的学习，你有哪些收获？

（板书题目：圆的认识）

（五）拓展延伸

师：同学们，圆被誉为最完美的图形，我们在生活和生产中，随处可见到圆的踪影，感受到圆的魅力。瞧！（城市中美丽的圆形花坛，游乐场的摩天轮，飞机的螺旋桨，美丽的圆形建筑）生活中正如我们所看到的，圆无时无刻不在装扮着我们的生活，美化着我们的生活，正如一位数学家所说，圆是一切图形中最美的平面图形，用圆可以设计出漂亮的图画（多媒体出示用圆设计的美丽图案）课后请大家也用圆设计一幅自己喜欢的美丽的图案。

课后拓展练习：用最完美的图形——圆，设计美丽的图案。

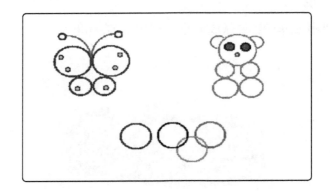

【板书设计】

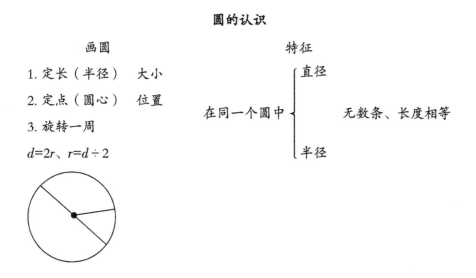

圆的认识

画圆　　　　　　　　　　　特征

1. 定长（半径）　大小
2. 定点（圆心）　位置
3. 旋转一周

在同一个圆中 ┤ 直径　　无数条、长度相等　　半径

$d=2r$、$r=d÷2$

【教学反思】

　　"圆的认识"是一节概念教学课，也是小学阶段认识的最后一种常见的平面图形，这个平面图形又区别于以前认识的直线平面图形，是学生认识曲线图形的开始。教材的编排思路是先借助古今交通工具的车轮为什么设计成圆形的，让学生感受到圆与现实的密切联系，再引入画圆的方法，特别是利用圆规画圆，让学生初步感受圆的特征，并掌握用圆规画圆的方法，在此基础上，再引导学生通过折一折、画一画、量一量等活动，帮助学生认识直径、半径、圆心等概念，同时掌握圆的基本特征，这样的编排有利于学生层层深入地对圆的相关概念及特征的理解和把握。但是由于课堂教学只有40分钟，学生年龄特点决定他们的动手操作能力还不是太强，重难点的知识需要合作探究，学生相对独立的探索空间不够，而与此同时，学生对于圆所蕴含的文化特性也无从感受、体验，对于圆的数学文化的视角感受不深。

　　由于以上的认识，我试图对本课的教学思路进行简单调整：一方面画圆的方法，对于利用图钉、线、铅笔画圆的方法未加以引导，而是通过巩固应用来渗透利用这种方法在生活中画大圆。同时在此环节增加了利用圆形物体画圆，又引出此法的局限性，进而使圆规画圆的方法跃然纸上，水到渠成。教学中引导学生找圆心，并通过自学掌握圆的一些基本概念后，让学生合作探究展开对于圆的特征的发现，并在交流对话中完善相应的认知结构。另一方面，我又借助多媒体，帮助学生突破认知的盲区，渗透极限的思想，发展学生空间观念，同时还将数学文化融入本课教学，充分放大圆所蕴含的文化特性，努力折射"冰冷完美"的图形背后所散发的独特魅力。

在教学中，我始终倡导学生是学习的主体，在本节课中给学生提供自主学习、合作探索的机会，引导学生开展合作型的探究性活动，让学生在观察、操作、讨论、交流、合作学习中，理解新知识，使所有学生都能获得成就感，树立自信心。比如：教学画圆，让学生尝试画、教师示范画，学生观察总结方法，再次提高画圆要求，很自然地解决了"画圆时，圆心决定圆的位置，圆规两脚张开的大小是圆的半径，圆的半径决定圆的大小"的问题。教学圆心、直径、半径时不急于传授，通过引导学生动手操作折圆，发现圆中心的一点。在认识圆的特征教学中，让学生运用圆片、直尺、圆规等研究工具，选择研究材料，通过实际动手折、量、比、画等操作，在独立探索和小组合作中学习，获得关于圆的基本特征的丰富的动态表象。

在教学中的练习阶段，我并没有机械地进行所谓习题练习，而是发挥学生的想象，活学活用本节课所学到的知识，同时增加了有关圆的数学文化内涵，"圆，一中同长也。"数学来源于生活，并应用于生活。我在课末引导学生探讨：怎样画半径为10米的大圆？车轮为什么设计成圆形的？车轴应该装在哪里？拓展应用中欣赏生活中最完美图形点缀生活的魅力，设计美丽的图案。这不但调动了学生的积极性，加深了学生对圆的认识，而且拉近了数学与生活的距离，使学生深刻体会到身边有数学，伸出手就能触摸到数学，从而对数学产生亲切感，增强学生对学习数学的兴趣和提高学生应用数学的能力。

当然，教学是一门遗憾的艺术，设计再完美的课也有遗憾。比如，在与学生情感交流方面还存在不足，显得有些陌生；对于学生激励语言的评价方式比较单一；部分学生对于圆的半径、直径等概念的理解不够到位；语言的描述不是很精确严谨；对于直径、半径及其与圆之间的关系的掌握不够深刻透彻。

【效果分析】

通过课中的评测练习，我发现学生能正确地判断圆的半径和直径，并说出判断的原因，对于不是半径的线段也能说出所以然。教学过程中的自学环节学生掌握的知识比较扎实，当然教师在学生自学后设计的自学效果检测也为掌握知识打下了基础。学生探究圆的特征后的课中评测"圆，一中同长也"，学生的理解为"同一个圆中，所有的半径和直径长度都相等"。这样的理解也正确，但是古代名著原意应为：一中是指只有一个圆心，同长应为从圆心到圆上所有的线段长度都相等。虽然学生语言的表述不是最精确、最符合现象的本质，但是基于他们课堂的学习经验这样理解也是接近本质的，然后在教师的引导下达到严谨的数学语言表述，这也正是教师课堂引导者角色的作用。

在课堂的评测练习中，学生能灵活运用半径和直径之间的关系，根据已知的不同信息，想到相关联的未知信息，并会举一反三，说明学生对于本课的重难点知识掌握得比较好。在猜一猜环节中，根据已知信息，判断哪个圆画出来大时，学生能很好地根据直径或半径的知识加以判断，就足以说明对画圆的知识点掌握得很好，如果这里再增加画出这两个圆进行验证的环节，一定会锦上添花，只可惜课堂教学时间有限，顾此定会失彼。在讲解巩固应用题中，回归教材提供的图钉、细线、铅笔材料画圆意图，让学生思考：怎样在操场上画半径为10米的大圆。学生虽然不能用精确的语言表述，但是能说出本质，会用学的画圆的步骤解决生活中的问题。说一说巩固应用题是呼应教材：交通中的圆——车轮为什么设计成圆形？然后再添加车轴应装在哪里的追问，让学生更好地巩固和理解圆的特征，并体会生活应用的原理。通过学生的回答，我发现学生掌握了圆是曲线图形，感受到了圆的特征在生活中的应用，会用所学的这部分知识解决生活中的问题。课后拓展练习，让学生感受完美的图形——圆带给人的美感，体会学数学的生活价值。

总之，这节课的教学内容重视数学知识与生活的联系，学生通过观察、交流、动手操作掌握了画圆的方法，通过自主学习、合作探究掌握了圆的各部分的名称及特征，并会用这些知识解决生活中的问题，培养了学生的空间观念，达到了预期的教学目标。

（本课例为2010年济宁市教学能手评选执教课，同时荣获2016年济宁市"一师一优课、一课一名师"活动市级"优课"）

"求一个数的几分之几是多少"
解决问题例谈

【教学内容】

《义务教育课程标准实验教科书·数学》（青岛版五四制）五年级上册第55～57页。

【教材分析】

本信息窗是在学生掌握了分数的意义和基本性质，以及分数乘整数、一个数乘分数等知识的基础上进行教学的。本信息窗的内容是利用画线段图分析数量之间的关系，解决求一个数的几分之几是多少的问题，重点让学生理解"求一个数的几分之几是多少"应该用乘法计算，它是学习一个数乘分数在实际中的应用，也是学习"已知一个数的几分之几是多少求这个数"以及解决较复杂的问题的基础，因此学生掌握这类问题的分析解答方法具有很重要的意义。

【教学目标】

1. 结合具体情境使学生明确把谁看作单位"1"，引导学生采用数形结合的方法——画线段图分析数量之间的关系。

2. 引导学生从分数乘法意义的角度思考，理解"求一个数的几分之几是多少"应该用乘法计算，学会解决"求一个数的几分之几是多少"的实际应用问题。

3. 使学生能综合运用所学的知识解决一些简单的问题，逐步形成解决问题的技能，增强应用意识，从而使学生掌握一些解决问题的策略，促进学生分析问题、判断和推理能力的发展。

【教学重难点】

教学重点：使学生掌握求一个数的几分之几是多少的方法，能解决相关的实际应用问题。

教学难点：使学生理解算理，能正确地画线段图分析数量之间的关系。

【教学过程】

（一）创设情境，激发兴趣

师：同学们，咱们学校的泥塑兴趣小组作品又新鲜出炉了，王老师今天带来了一些学生的泥塑作品相片，我们一起来欣赏一下吧！（课件播放精美的泥塑作品图片），在大家欣赏的这些精美的泥塑作品中，暗藏了许多数学问题，今天这节课，就让我们一起探索其中的数学奥秘。

设计意图：从学生熟悉的手工泥塑入手，调动学生学习的兴趣，激发学生的求知欲。

（二）结合情境，提出问题

出示课本第55页的情境图和信息。

师：谁来说说，从这幅情境图中，你发现了哪些数学信息？

生1：在学校举行的泥塑大赛中，一班共制作泥塑作品15件，其中男生做了总数的 $\frac{3}{5}$。

生2：二班男生制作了12件，女生做的是男生的 $\frac{5}{6}$。

师：根据这些数学信息，你能提出什么数学问题？

生1：一班男生做了多少件？

生2：二班女生做了多少件？

……

师：同学们提出了这么多有价值的数学问题，这节课我们主要解决以下这两个数学问题（课件出示）：

一班男生做了多少件？

二班女生做了多少件？

设计意图：让学生从具体的情境中获取信息，引导学生根据信息提出问题，让学生感受到数学来源于生活，生活中处处有数学。

（三）合作探究，解决问题

1. 构建应用问题

师：我们先来解决第一个问题"一班男生做了多少件？"要解决这个问题，需要用到哪些信息？

生：一班共制作泥塑作品15件，其中男生做了总数的$\frac{3}{5}$。

师：谁能根据这位同学提供的信息，把信息和问题完整地表达出来？

生：一班共制作泥塑作品15件，其中男生做了总数的$\frac{3}{5}$。一班男生做了多少件？（课件出示）

2. 学生尝试解决问题

师：这是你们提出的问题，你们自己能解决吗？（能）如果有困难可以与同桌合作。

学生尝试解答，教师巡视。

全班交流。

师：谁来说一说，你是怎样解答的？

生：$15 \times \dfrac{3}{5} = 9$（件）

师追问：你是怎么想的？为什么这样列算式？（该生回答不上来），哪位同学来说一说为什么这样列算式？（全班同学都一脸茫然）

设计意图：学生根据自己已有的知识经验，能列式解答，但是为什么这样解答，他们心里似乎明白，但是又说不出来。在以往的解决问题的过程中，学生没有画线段图帮助理解题意及分析数量之间的关系的习惯，为了使学生更好地理解算理及分析数量之间的关系，画线段图呼之欲出。

3. 教师引导分析问题

师：看来同学们对于这类问题的解决方法还不是很理解，为了更加清晰地帮助我们理解，我们画线段图来分析。首先，我们看题中的男生做的是总数的 $\dfrac{3}{5}$，你是怎么理解的？

生：男生做的占总数的 $\dfrac{3}{5}$，也就是15的 $\dfrac{3}{5}$。

师追问：总数是多少？

生：总数是15件。

师：我们先画一条线段表示总数15件，怎样画男生做的呢？

生：把15件平均分成5份，取3份就是男生的。

师：你回答得非常好。

教师把线段平均分成5份。

师反问：要画男生的3份，是在这条线段上画呢？还是另外再画一条线段？

生：在这条线段上画。

师：为什么？

生：因为男生做的占总数的 $\dfrac{3}{5}$，也就是15件的一部分。

师：你的理解很深刻。

教师标上男生的3份，并在线段图上标出问题。

师：同学们请看，这里的总数15件，其实就是这道题的什么？

生：单位"1"。

师：所以我们在画线段图时，经常要先画表示单位"1"的量。请同学们认真观察线段图，求一班男生做了多少件，也就是求什么？

生：求一班男生做了多少件，也就是求15的 $\frac{3}{5}$ 是多少？

师：求15的 $\frac{3}{5}$ 是多少？用什么方法计算？怎样列式？

生：求15的 $\frac{3}{5}$ 是多少用乘法计算，列式为 $15 \times \frac{3}{5} = 9$（件）。

随着学生回答教师（板书：$15 \times \frac{3}{5} = 9$（件）答：一班男生做了9件。）

设计意图： 在学生出现只会列式而不理解的问题后，教师充分发挥了引导作用，引导学生用画线段图的方法来分析问题，遵循学生认知的特点，引导学生经历一个由实际问题到数学问题的转化过程，进一步发展学生的思维能力，在教师的层层引导下，学生可以画一条线段图来理解数量关系，从而为学生独立解决下一个问题埋下了伏笔。

4. 学生独立解决问题

第二个问题：二班女生做了多少件？

师：你们能否用先画线段图分析问题，然后再解决呢？如果有困难，同桌之间可以互相合作。

学生画线段图分析解答，教师巡视指导。

组织学生汇报交流，说出自己的分析思路，其他同学可以给予完善补充。

着重引导学生理解：谁是单位"1"？怎么能找出单位"1"？为什么画两条线段图？结合学生的汇报，教师板书线段图及解题方法。

设计意图： 充分放手，让学生独立解决，通过同桌合作、集体交流，学生积极体验分析问题、解决问题的乐趣，遇到问题时在老师适时的点拨下，进一步完善了解决问题的方法，从而发展了学生的思维能力，提高了解决问题的能力。

5.比较异同，沟通联系

师：同学们，我们通过画线段图的方法解决了这两个问题，你们觉得画线段图对我们解决问题有帮助吗？

生：有。

师追问：有什么帮助？

生：很直观形象地帮助我们分析问题、解决问题。

师：线段图是个很好的工具，它可以清楚地表示题目中数量之间的关系，它是我们今后解决分数有关问题的很好的一个工具，那我们再来看这两个问题，它们有什么共同点和不同点？

学生讨论后，集体交流。

生1：都是用乘法计算。

师：为什么用乘法计算？

生：都是求一个数的几分之几是多少，所以用乘法计算。

师：你的发现很棒，这两个问题都是求一个数的几分之几是多少的问题（板书课题），还有相同的地方吗？

生：都是用画线段图的方法来帮助解决问题的。

师：有哪些不同呢？

生：第一个问题的线段图是一条线段，第二个问题的线段图是两条线段。

师：大家想想，为什么会这样呢？

生：第一个问题中男生是一班的一部分，所以画一条线段图，第二个问题女生相当于男生的 $\frac{5}{6}$，是两个不同的数量，所以画两条线段图。

通过交流小结：第一个问题是部分与整体的关系，可以画一条线段图表示它们之间的关系；第二个问题是两种不同数量之间的关系，一般画两条线段来表示它们之间的关系。

师：为了方便，画线段图时通常先画什么？

生：先画表示单位"1"的量。

设计意图：这一部分教学的目的在于让学生认识到画线段图的作用，通过比较两个问题，让学生理解在什么情况下画一条线段图，什么情况下画两条线段图。学会利用线段图分析数量之间的关系，最终使学生理解"求一个数的几分之几是多少"应该用乘法计算，为后面解决分数除法问题和稍复杂的分数问题做好方法上的指导与奠定基础。

（四）实践应用，发展能力

师：今天这节课，我们学习了求一个数的几分之几是多少的问题，老师这里有几道题目想考考你们，你们愿不愿意接受挑战？（愿意）

课件出示相关练习题目：

1. 根据线段图列出算式

线段图如图所示。

（1）

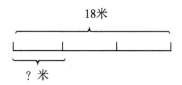

（2）

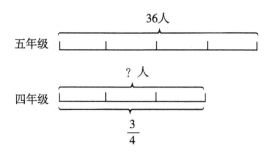

学生只列式，不计算，并说说为什么这样列算式？

2. 画线段图表示数量关系并列式解答

（1）一只短吻鳄身长4米，尾巴的长度是身体长的$\frac{1}{2}$。这只短吻鳄的尾巴长多少米？

学生独立解答，集体交流。

（2）一只陆龟每分钟爬行5米，蜗牛爬行的速度是陆龟的$\frac{1}{5}$。蜗牛每分钟爬行多少米？

学生独立解答，集体交流。

3. 只列式不计算

（1）我国第三次大熊猫资源状况调查显示，全国约有大熊猫1760只，其中人工圈养的约占$\frac{1}{11}$。人工圈养的大熊猫约有多少只？

学生口头列式不解答，并说为什么这样列式？

（2）神舟七号载人飞船重达12吨，天宫一号目标飞行器的重量是神舟七号飞船的$\frac{2}{3}$。天宫一号飞行器重多少吨？

学生口头列式不解答，并说为什么这样列式？

设计意图：巩固应用分三个层次，这样通过具有针对性和科学性的分层次练习，既巩固了所学知识，又能让学生通过练习，熟悉掌握运用线段图解决问题的方法，进一步理解了分数乘法的意义，形成清晰的思路，培养了学生的思维能力。

（五）全科总结，升华情感

这节课你有什么收获？是怎么获得的？对自己的表现满意吗？

【教学反思】

上完这节课，细细反思，成功之处与大家分享：

（1）情境的引入，调动了学生的积极性，使学生充满了探索新知识的好奇心。

（2）在解决问题时，画线段图的方法特别重要，学生提出问题并自己解答，他们根据已掌握的知识很容易列式解答出来。当问及学生为什么这样列式，是怎样想的时候，学生一脸茫然，这时用画线段图来帮助理解数量之间的关系呼之欲出。用画线段图帮助学生理解数量关系是解决分数问题的重点和难点，怎样画线段图，学生无从下手，于是在学生出现问题的时候，这时教师的引导非常重要，在我的步步引导下，学生犹如被惊醒的梦中人，心中的疑问也得到了解决，随之也掌握了画线段图帮助理解数量之间的关系的方法。

（3）在解决第一个问题时是画一条线段图来表示数量关系，为了给第二个问题埋下伏笔，我故意设计了一个反问，怎样画男生的？是另外再画一条线段图来表示吗？学生通过交流认识到两个数量是部分与整体的关系，只要画一条线段图表示即可，由于这个环节精心设计，学生在独立解决第二问题时，很自然地画了两条线段图来表示，从而很容易就突破了第二个问题的难点。

（4）在用线段图解决完两个问题后，我设计了一个问题"你认为画线段图对我们解决分数问题有帮助吗？有什么帮助？"学生通过对比交流进一步认识到画线段图能更加直观、清晰地看出数量之间的关系，从而成功地给学生渗透了数形结合的思想。

（5）练习题的设计虽然尊重了课本，但也有改动，这样设计有层次性、针对性，既能巩固新知识，也能使学生掌握画线段图解决问题的方法，进一步理解了分数乘法的意义，后面的两道口头列式说算理，是对本节课所学内容能力的一个提升，让学生在画线段图时能理解算理，不画时也能理解算理。

（本课例为2011年山东省教学能手评选活动中执教的课例）

"求一个数是另一数的百分之几"教学

【教学目标】

1. 在具体的情境中，根据求一个数是另一数的几分之几的方法，通过知识迁移掌握求一个数是另一个数的百分之几的方法。

2. 在具体的情境中，理解百分率的实际意义，根据求一个数是另一个数的百分之几的方法，类推并掌握求百分率的方法。

3. 在解决问题的过程中，进一步体会百分数在实际生活中的应用价值，培养学生学习数学的兴趣。

【教学重难点】

教学重点：在理解百分数（百分率）的意义的基础上，使学生掌握求一个数是另一数的百分之几的思路。

教学难点：正确分析问题，掌握解决此类问题的分析方法。

【教学过程】

（一）创设情境，导入新课

同学们，这节课我们继续"山东假日游"的第二站"济南假日游"。济南素以"泉城"之称闻名全国。黄金周期间到济南旅游的人特别多，为了方便安排游客食宿，旅行社对酒店的入住情况做了调查。请同学们看大屏幕上的调查结果。播放课件，请一名同学说信息。

（二）师生合作，探究新知

活动一：

（1）根据屏幕上所提供的信息，你们能提出什么数学问题？

（2）学生提问，简单的问题即时解决。

（3）出示问题：（1.银座泉城大酒店平均每天入住的客房间数占实有客房间数的百分之几？）

（4）观察这个问题，你们发现它和我们上学期解决的什么问题非常相似？（"求一个数是另一个数的几分之几"的应用题）它们有什么不同？（"百分之几"和"几分之几"一字之差）那你们能尝试解决这个问题吗？

（5）学生尝试解答，集体交流。

交流后得出："求一个数是另一个数的百分之几的问题"和"求一个数是另一个数的几分之几的问题"的解题方法相同，只要把"求一个数是另一个数的百分之几的问题"的计算结果写成百分数就行了。（板书：解决问题——求一个数是另一个数的百分之几）

（6）想知道"玉泉森信大酒店"和"丽天大酒店"每天入住的客房间数占实有客房间数的百分之几吗？（分南北两排解答，如果计算结果除不尽怎么办呢？）

（7）学生动笔计算。交流结果：77.5%和94.7%。

（8）看黑板上的计算结果：3家大酒店每天入住的客房间数分别占实有客房间数的75%、77.5%和94.7%，这3个百分数也可以说成是3家大酒店每天的"入住率"。（板书：入住率）你们能说说你们对"入住率"的理解吗？也就是说你们认为"入住率"表示什么？学生回答。

（9）知道了3家大酒店的入住率，如果你作为游客，你会选择入住哪家酒店呢？为什么？

活动二：

（1）了解了济南这3家大酒店的入住率后，我们再来看看卫生防疫部门对各大酒店卫生情况的抽查。请看屏幕，指名读信息。

（2）出示问题："这些酒店的卫生合格率是多少？"

（3）根据你们的理解，谁来猜猜"卫生合格率"可能是什么意思？

（4）学生交流，得出：卫生合格率是指卫生合格的酒店数占抽查总数的百分之几。

（5）明白了它的意义，那你们能不能试着列式解决这个问题呢？（学生独立尝试列式计算）

（6）交流算法。

① $190 \div 200 = 0.95 = 95\%$

② $190/200 \times 100\% = 0.95 \times 100\% = 95\%$

（7）关于合格率的计算，课本P29有个规范公式，请大家自学课本P29有关内容。

（8）交流自学情况，学生说，教师板书合格率的计算公式。反问：为什么×100%？学生说说自己的理解。

（9）教师小结：卫生合格率表示卫生合格的酒店数占抽查总数的百分之几，计算结果就是一个百分数。为了强调结果是个百分数，所以在列式时，一般用分数×100%的形式来提醒人们，也就是说，求卫生合格率一般用这个公式来进行计算。大家齐读一遍，我们一起来列算式。

（10）刚才我们研究的这个"求酒店的入住率和卫生合格率"的问题都是计算"百分率"的问题（板书：百分率）。

（11）实际生活中，我们经常用到百分率，说说你们还知道哪些百分率？

你们知道它们表示的意义吗？学生交流。（发芽率、出油率、体育达标率、命中率）

（三）巩固应用，拓展延伸

通过刚才的研究、学习，老师相信同学一定具备了举一反三的能力，请看：课件出示有关练习。

（1）计算命中率的有关问题，比较谁的命中率高，体会百分率在生活中的意义。

（2）判断题。

（3）只列式，不计算。

（4）什么是"增长率"？为什么有时增长率能超过100%？

（四）交流收获

通过这节课的学习，你们有哪些收获？

【教学反思】

本节课的教学内容是青岛版五四制教材五年级下册第二单元《山东假日游》的第二个信息窗的教学内容，备课的时候我尊重教材。通过解读教材，我认为本节课有两个知识点：一个是求一个数是另一个数的百分之几是多少的问题，另一个就是求有关百分率的问题。第一个知识点学生可以利用上学期学习的"求一个数是另一个数的几分之几"解决问题，通过知识迁移的方法，引导学生尝试自己解答，只要最后将结果化成百分数就可以了。在学习第二个知识点时，首先让学生明白，其实求有关百分率的问题，就是求一个数是另一数的百分之几的问题，只是百分率有计算常用的公式和规范的书写格式，利用知识的迁移，学生也能尝试解决此类问题，教师只是引导者、合作者，在学生利用原有知识解决问题的过程中，和学生一起探究解决此类问题的方法，并在学生原有的知识结构中帮助学生提升，规范此类问题的解决方法与书写格式。

上课伊始，本来想利用谈话，引入假日出游遇到的有关食宿问题及卫生达标问题，由于谈话时学生的回答偏离了主题，我又没有做好及时调控，致使课前谈话是失败的。如果教师直接引入：同学们，你们喜欢旅游吗？假日到了，你们又可以出去游玩了，在游玩时我们会遇到有关食宿的问题。今天这节课，我们继续山东假日游的第二站——济南假日游。从而引入课题，也许要比我当时的谈话更直接，更显得自然而有目的性。

在解决完第一个知识点"求一个数是另一数的百分之几问题"，我当时的设计目是引入入住率，然后让学生比较三家大酒店的"入住率"，从而引入关于卫生合格率的问题，在解决卫生合格率的问题时，我先让学生理解什么是"卫生合格率"。根据第一个知识点的学习，学生能理解，然后让学生尝试解决此类问题，由于受前一个知识点影响，学生不会规范书写的格式。这时我设计一个环节，让学生通过自学课本的有关知识理解为什么乘100%，规范自己的做题格式，从而修正自己的错误。在评课时，一位教师提到求合格率时是否必须让学生乘100%，其实在一般情况下要求学生书写规范格式，但是如果学生不乘100%，最后化成了百分数也是对的。申老师的一句话犹如提醒梦中人，如果在学完第一个知识点引入"入住率"时，就给学生明确"入住率"公式，然后再引入计算合格率，学生就能写出规范的格式，这样不是更好吗？是啊，在备课时，我只考虑到了教材呈现的先后顺序，没有想到可以用活教材。通过这次讲课，我想今后在这方面要努力，会考虑更加灵活地使用教材。

在解决完有关百分率计算的问题时，学生举例来说生活中的有关百分率计算的实际问题，应该让学生多说说，并说出各种百分率所表示的意思，然后再进行应用，效果应该比现在更好。在巩固应用时，第一个应用设计不好。关于投篮，正如申老师所言，还有中卫、后卫等有关问题，如果把这道题改为算"哪杯水甜的问题"，我想比投篮问题更有生活实际价值，也使巩固应用更有层次性。在巩固应用时，我还设计了只列式不计算的问题，由于时间关系，没有来得及处理，比较遗憾，我想，我的课堂驾驭能力还需要提高。

通过这次讲课，我又提升和锻炼了自己，在申老师的点拨和同伴的帮助下，我的业务能力又得到了一次提升。非常感谢申老师给我的锻炼机会，感谢同伴们给我的帮助，也感谢同行们给予我的宝贵意见，通过联片教研，我的业务水平定能得到更大的提升。

（本课例为2018年区域联片教研活动执教的示范课例）

"最大公因数"教学

【教学内容】

人教版数学（六三制）五年级下册第60~61页。

【教学目标】

1. 在合作探究活动中了解公因数和最大公因数的意义，能用列举法和筛选法找出100以内两个数的公因数和最大公因数。

2. 会在集合图中表示两个数的因数和它们的公因数，体会数形结合的数学思想。

3. 在探索公因数和最大公因数的意义的过程中，经历列举、观察、归纳等数学活动，进一步发展初步的推理能力。感受数学思考的条理性，体验学习数学的乐趣。

【教学重难点】

教学重点：理解公因数和最大公因数的意义，掌握求两个数的公因数和最大公因数的不同方法。

教学难点：掌握求两个数的最大公因数的不同方法，理解用短除法求最大公因数的算理。

【教学准备】

多媒体课件、作业纸。

【教学过程】

（一）复习导入，教学概念

师：同学们，前面我们学习过因数、倍数的知识，现在，你们能分别找出8和12的因数吗？

问：谁能找出8的因数？（教师指名答。板书：1，2，4，8）

师：这位同学成对地来找8的因数，这种找一个数的因数的方法非常清楚、完整，谁能像他一样把12的因数也找出来？（板书：1，2，3，4，6，12）

师：和你们的想法一样吗？

问：请同学们对比观察8和12的因数，看一看，你们有什么发现？

生：8的因数里有1、2、4，12的因数里面也有1、2、4。

师：其他同学都发现了吗？我们一起来看一看。

师：8和12的因数里面都有1、2、4，也就是说，1、2、4既是8的因数，也是12的因数，我们就把1、2、4叫作8和12的公因数。

师：同学们看一看8和12的公因数当中哪个最大？

师：我们就把4叫作8和12的最大公因数。（课件出示概念，齐读）

（二）揭示课题，总结方法

师：这节课，我们就来研究最大公因数。

1. 总结列举法

师：像刚才这样，先分别列举出8和12的因数，再找出它们的公因数和最大公因数，这种找两个数的公因数和最大公因数的方法叫列举法。

2. 讲解集合圈

师：为了让大家更直观地看出8和12的因数之间的关系，我们还可以用集合圈的形式表示出来。同学们请看屏幕。

课件出示：

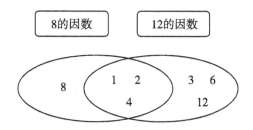

师：左边的集合圈表示的是……，右边的集合圈表示的是……因为它们有公因数1、2、4，所以我们就把两个集合圈合在一起。请同学们仔细看。

（教师利用课件演示教学五部分）

小结：像这样利用集合圈，就能更形象、直观地表示出两个数的公因数和最大公因数了。

3. 练一练

师：现在给你们一个集合圈你们会填了吗？

师：看到这道题你们能不能直接填呢？（课件出示）

师：请同学们先在作业纸上写出6和24的因数，再把相应的数填在集合圈的每个部分。（学生独立完成，教师巡视）

展示与评价：

师：我们来看看这位同学的作业。

师：给大家说说你是怎么做的，先填的什么，又填的什么。

学生汇报，集体订正。

师问：你们认为他做得怎么样？谁来评价一下他的方法？

师：这个同学的方法非常巧妙，他先填了公因数，再分别填出6和24独有的因数，这样做既不重复又不容易遗漏。还有谁也是这样做的？

师：我们再来看看这位同学的作业。（展示出错作业、集体订正）

师：同桌互相检查一下，不对的改正过来。幻灯片出示正确答案，稍做分析为什么6没有独有的因数？两个数在什么情况下较小的数没有独有的因数？

4. 教学筛选法

师：刚才我们已经会找出8和12的公因数和最大公因数，6和24的公因数和最大公因数，现在，如果再让你们找18和27的公因数和最大公因数，你们还能找得到吗？请拿出你们的2号作业纸，试着找一找。

巡视指导，展示汇报：

（1）展示交流列举法。

师：我们先来看看这位同学的作业，请你给大家介绍一下你是怎么做的。

问：除了列举法以外，还有没有不同的方法？

（2）展示交流其他方法。

问：你们觉得这种方法怎么样？能不能评价一下？

这种方法是不是也能找出18和27的公因数以及最大公因数？

（3）总结方法。

师：同学们，像这样先找出两个数中其中一个数的所有因数，从中筛选出另一个数的因数，从而找出它们的公因数和最大公因数的方法，在数学上也有个名字，叫筛选法。

通常情况下，我们一般先找出这组数中较小数的因数，从中再筛选出公因数和最大公因数。这样做能节省一些时间。

（三）借助已有知识经验拓展提升

1. 讲解短除法

师：同学们，除了用列举法和筛选法能找出两个数的最大公因数以外，利用我们前面所学过的分解质因数的知识，也能很快找出两个数的最大公因数。我们就以18和27为例，如果把它们分解质因数，结果是这样的。

问：请同学们仔细观察这两个式子，它们有什么共同之处？

（教师指名回答）

师：正像同学们发现的那样，18和27有共同的质因数3和9。

师：同学们来看一看18和27的最大公因数是几？

18和27公有的质因数3和9与它们的最大公因数9之间有什么关系呢？
（结合板书引导理解）

师：根据这个发现我们就可以把两个短除式合并在一起，用短除法来求18和27的最大公因数。（结合课件讲解）

2. 沟通公因数和最大公因数之间的关系

通过前面的学习，我们不仅认识了公因数和最大公因数，还了解了用列举法、筛选法或者短除法找两个数的最大公因数。

师：现在，请同学们思考一下，两个数的公因数和它们的最大公因数之间有什么关系呢？（指名学生回答）

小结：也就是说，公因数是最大公因数的因数，最大公因数是公因数的倍数。

（四）课堂练习

（1）你们能很快找出下面每组数的最大公因数吗？

师：请你选择自己喜欢的方法把它完成在3号作业纸上。

（展示汇报，集体订正）

（2）找一组特殊数的最大公因数。

师：当然，如果你能看出来两个数的最大公因数是几，也可以直接写出来。我们再来看下面这组数，看谁能快速完成？（指名汇报）

师：也就是说，如果一个数是另一个数的倍数，那么它们的最大公因数就是较小的那个数，对吗？

公因数只有1的两个数，它们的最大公因数就是1。

（3）小结。

看来，除了用列举法、筛选法或者短除法找出两个数的最大公因数，我们还可以根据数的特点，快速找出它们的最大公因数。

（五）课堂总结

一节课就要结束了，通过这节课的学习，你们又有了哪些收获呢？

师：回过头来想一想我们这节课的学习过程，通过找两个数的因数，发现了它们的公因数和最大公因数，又学习了找两个数的最大公因数的不同方法，并利用这些方法解决了一些数学问题。

（六）课后延伸

其实，早在两千多年以前，我国古代的数学家就已经在研究我们今天所学习的知识了……

希望同学们课后能继续我们今天的研究，找一找3和1到20各数的最大公因数，看一看你们又会发现什么？

【教学反思】

本知识是在学生掌握了因数概念的基础上进行学习的，主要是为后面学习约分的知识做好准备。课堂伊始，让学生通过找8和12的因数过程，从而理解并掌握成对找因数的方法更方便。在讨论交流学习环节学生理解了公因数和最大公因数的概念，同时掌握列举法。为了让学生更加形象、直观地理解公因数和最大公因数，在此环节引入集合圈，从而让抽象的概念更加直观形象，便于理解。

学生有了用列举法找公因数与最大公因数的基础，接下求6和24的公因数和最大公因数，让学生通过自主探索、合作交流的方法来完成。从巡视结果看学生不局限于列举法，他们想到可以找出其中一个比较小的数的所有因数，然后从中圈出公因数和最大公因数，这样更加地简便。在此基础上，老师让学生用此方法来找18和27的公因数和最大公因数，学生在学习过程中应用了此方法。教师引导学生用列举法来验证这种方法的正确性和简洁性，并顺势明确这种方法在数学上叫筛选法，从而让学生的思维有了进阶，思维能力得到提升。

用短除法求最大公因数，这个知识的教学以学生分解质因数为起点，让学生对比观察18和27分解质因数的两个式子，在学生充分交流的基础上得出两个数有共同的质因数3，在此基础上迁移到短除法的讲评，在后续的强化练习中，让学生熟练掌握短除法求最大公因数的方法，从而达成本节课的学习目标。

在巩固应用环节，除了列举法、筛选法、短除法求两个数的最大公因数外，还可以观察数的特点来直接找最大公因数，从而让学生掌握公因数只有1的两个数，最大公因数是1；如果两个数是倍数关系，最大公因数是较小的数。课的最后，经过数学文化的渗透，思考的延伸拓展，让学生的数学学习变得更有深度和宽度。

（本课例为2017年山东省特级教师评选活动执教的展播课例）

"三角形的认识"教学

【教学内容】

青岛版五四制数学教材四年级上册第81～82页两个红点的有关内容。

【教学目标】

1. 使学生理解三角形的概念，知道三角形各部分的名称，了解三角形的特性。

2. 经历实验操作探究三角形三边关系过程，得出三角形任意两条边的和大于第三边。

3. 能自觉运用三角形的有关知识解决生活中的问题，体验三角形的知识与生活的密切联系。

【教学重难点】

三角形三边关系的探索。

【教学准备】

学生用三边关系探究小棒；课件、稳定性演示教具。

【教学过程】

（一）谈话引入

师：同学们，以前我们已经认识了不少平面图形，今天这节课老师和大家一起来研究三角形的知识。（板书：三角形的认识）

（二）展开探究

1. 感受稳定性

师：我们已经初步认识了三角形，生活中你们在哪儿见过三角形？

学生回忆，交流生活中的发现。

教师出示生活中有关三角形的图片，追问这些物体设计成三角形是否有什么特殊作用？

生：结实、稳固。

师：我们动手来感受一下。

师生拉三角形，没有变形，再拉四边形（容易变形）。我这里还有五边形、六边形拉来感受（也容易变形）。

师生总结得出：在数学上三角形不易变形，我们就说它具有稳定性。（板书：稳定性）

设计意图：结合生活中物体的直观形象，通过亲自动手操作，验证三角形具有"稳定性"，体会三角形稳定性的应用及给人们生活带来的方便和好处。

2. 概括定义

（1）师：生活中的三角形我们并不陌生，到底什么样的图形是三角形呢？老师带来一些图形朋友，请你快速找出这组图形中的三角形。

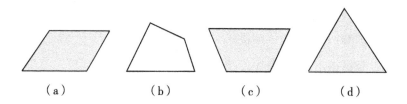

（a）　　　　　（b）　　　　　（c）　　　　　（d）

（2）为什么前面3个不是？

生1：前面有4条边，而三角形有3条边。

师：有3条边的图形是三角形。

师出示反例：

生2：有3条边和3个角的图形是三角形。

师出示反例：

生3：有3条边和3个角的封闭图形是三角形。

师出示反例：

生4：有3条线段和3个角的封闭图形是三角形。

师出示反例：

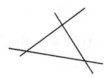

重点理解：3条线段、围成。

师生总结得出：由3条线段端点相连的图形是三角形。

师：由3条线段每相邻的两条线段端点相连的图形就是三角形，在数学上端点相连我们叫作围成。完善板书定义：由3条线段围成的图形叫作

三角形。（齐读定义）

（3）我们知道了三角形的概念。请你判断下面的图形中哪些是三角形？

（4）认识各部分的名称。

师：三角形各部分都有它的名称，请看大屏幕：（课件）自学大屏幕内容，你又知道了什么？和同桌交流。

反馈自学内容。教师拿三角形，请学生说。（板书：3条边、3个顶点、3个角）

设计意图：三角形是学生生活中接触较多的一种图形，在低年级就已经直观认识过，利用学生的认知起点，通过反例来判断是否是三角形，进而对比总结概括出三角形的概念。

3. 探究三角形三边关系

（1）师：要想围成一个三角形，需要几根小棒？（3根）是否任意的三根小棒都能围成一个三角形？

学生有的说能，有的说不能。

师：到底能还是不能，你想不想试试？

生：想。

大屏幕出示：

蓝4厘米　绿5厘米　黄6厘米　红10厘米

任意选3根小棒，能围成一个三角形吗？

师（说明要求）：信封内老师准备了与这四根颜色、长度同样的小棒，你们任意选三根，看能否围成一个三角形，同桌合作，开始操作。

教师巡视，注意围的不同情况。

（2）汇报交流。

师：谁先来介绍你选的3根小棒及发现，介绍时先说一下你所选3根小棒的长度。

4厘米　6厘米　10厘米可能有争议。教师适时出示相应的课件演示。

师：通过刚才的操作，我们发现有的3根小棒能围成三角形，有的3根小棒不能围成三角形，这是为什么？你们知道吗？同桌讨论一下。

（3）反馈讨论结果。强调任意。

（板书：三角形任意两边之和大于第三边）

师：瞧！数学语言多么美，用一句话就能概括我们刚才所有的研究，来自豪地读一下我们的发现。

设计意图：让学生动手操作、小组合作，在操作过程中感受三角形三条边之间的关系，在交流中升华，培养学生的动手操作能力。

（三）应用拓展

师：用我们的发现判断下面的3根小棒能否围成三角形？

练习：

（1）判断是否能组成三角形。

A. 2厘米　2厘米　2厘米

B. 1厘米　5厘米　2厘米

C. 1厘米　3厘米　2厘米

D. 5厘米　4厘米　2厘米

师：通过刚才的练习，你们不仅掌握了判断某3条边能否拼成一个三角形的方法，并且找出了最佳的判断方法。从这里可以看出，只要同学们肯动脑思考，就一定会取得令人满意的结论。

（2）下面是老师来学校上班的路线，如果老师想走离学校最近的路，你们认为我会选择哪条路来学校？

生：你会走中间这条路。

师：你们是怎样判断的？

生1：因为中间这条路是直的，其他的路是弯的，所以中间这条路最短。

生2：如果老师走通过商场到学校这条路上学，老师家、商场、学校则构成一个三角形，由三角形的三边关系可以知道，老师家到商场，商场到学校这两条边之和一定大于第三边，即中间这条路，所以中间这条路最短。

师：思考问题既要靠直觉，更要学会用所学的知识解决问题，就像学生2一样。

请问从这幅图还可以看出连接两点的线中，哪条线最短？

生：线段最短。

设计意图：三个练习设计体现了一定的层次性，第一个练习前后呼应，巩固三边关系；第二个练习旨在让学生学以致用，并总结出技巧，让学生认识到数学知识源于生活，又用于生活。

（四）小结

学习了今天这节课，同学们对三角形又有了哪些新的认识？

（五）拓展延伸

同学们，马上要下课了，让我们带着思考走出今天的课堂，再看看这三根神奇的小棒，这三根小棒为我们的研究立下了汗马功劳，要想围成一个三角形，要把红色的小棒换成多长合适？

（1）蓝4厘米，绿5厘米，红10厘米。

（2）蓝4厘米，黄6厘米，红10厘米。

设计意图：拓展学生的思维，使不同的学生得到不同的发展，体现了"下要保底，上不封顶"的教学思想。

【板书设计】

三角形的认识

特性：稳定性

定义：由3条线段围成的图形叫作三角形

特征：3条边、3个顶点、3个角

三角形任意两边之和大于第三边。

【教学反思】

教学伊始，从学生生活中熟悉的三角形引入，通过引发学生思考：为什么生活中很多物体都设计成三角形的形状呢？它有什么特殊的作用吗？同时借助教师提供三角形模型教具，让学生拉一拉感知三角形的稳定性特点，然后再通过拉四边形、五边形、六边形……学生在亲身体会的过程中进一步加深对三角形稳定性的特点的理解，感知三角形稳定性在生活中应用的价值。这个环节的教学调动了学生探究三角形知识的兴趣，取得了良好的效果，也是导课成功之举。

课堂第二个环节是三角形的概念教学，这个环节主要结合学生生活中对三角形知识的储备，让学生在思辨中进一步加深三角形是由三条线段围成的封闭图形。学生对于围成的概念理解稍微有点难度，我采取反例出示让学生思辨，学生在思辨的过程中进一步理解围成即三条边首尾相连，从而加深了三角形的概念教学。

本节课的难点是三角形的特性：任意两边之和大于第三边。这个环节我采取自主探索、合作交流的教学方式，给学生提供操作要求及操作材料，让学生在动手操作的过程中自主探索三边关系，在小组合作交流中进一步完善和深化认识，从而突破本节课的教学难点。

通过这节课的学习，大部分学生积极思考并乐于参与其中，由于课堂时间的限制，有的学生在理解概念或者归纳三边关系时还是不深刻。学生只是在操作的层面理解任意两边之和大于第三边，不能深入地理解和复盘整个教学过程以及三角形特性及概念，因此，可以基于学生已有知识经验，给学生留有更多的时间探索三边关系，并能把三边关系的数学知识应用到生活中。

（本课例为2010年区教研活动执教的示范课例）

"认识人民币"教学

【教学内容】

人教版数学一年级下册教材第52、53页，例1、例2。

【教学目标】

1. 让学生初步了解各种面值人民币，认识人民币的单位：元、角、分，知道1元=10角，1角=10分。

2. 通过兑换钱币、模拟购物等情境活动，培养应用数学知识解决问题的能力，在学习中体会数学的价值。

3. 情感培养、文化意识和学习策略：初步体会人民币在社会生活、商品交换中的功能和作用，并知道爱护人民币。

【教学重难点】

1. 使学生认识人民币的单位：元、角、分，知道1元=10角，1角=10分。

2. 不同面值人民币之间的换算。

【教学准备】

多媒体课件、人民币学具、红包、存钱罐、板贴。

【教学过程】

（一）创设情境，引入新知

师：同学们，今天的数学课，看看老师给大家带来了什么？

用实物投影出示各种面值模拟钱币。（学生回答钱或人民币）

师：不同的国家有不同的钱，我们中国的钱叫人民币。这些钱就是我们国家发行的法定货币——人民币。（板书：人民币）

请你们说一说，在我们的生活中哪些地方要用到人民币？

结合教材第52页前3幅主题图，学生自由回答，体会人民币的用途，感悟数学知识与现实生活之间的联系。出示教材第52页第4幅主题图。

师：图中的小朋友在做什么？指名说一说图意。

先在小组说一说自己是怎样安排零花钱的，有存钱的习惯吗？存钱可以做什么？老师再指名回答。

小结：人民币在生活中的应用这么广泛，我们从小要懂得合理使用零花钱，要养成节约用钱和爱护人民币的良好习惯。今天，我们就一起来认识人民币。（板书：认识人民币）

理论应用研究： 创设情境是在数学课堂中落实具身认知理论的重要途径，数学知识是普遍存在于现实生活当中的，学生所处的情境会对其认知学习产生潜在的影响和作用。本环节从观察人民币引入，让学生从视觉感知中获取人民币的信息，再结合学生生活中熟悉的购物场景，唤起学生原有具身认知的生活体验，感知人民币在生活中的作用，从而引出课题。同时对学生进行爱护人民币、合理使用人民币的教育。

（二）动手操作，探究新知

1. 认识1元、1角、1分

（1）重点认识1元纸币（硬币）

师：老师也带来了一张人民币（出示课件），这是多少人民币？

生：这是1元。

师：同学们，你们是怎么知道这是1元的？

生1：数字1。

师：你的观察真仔细。

师：除了数字以外，还可以从哪里判断这是1元？

生2：汉字壹元。

师：同学们的小眼睛可真亮。其实这里的元就是人民币的单位。（板贴元）

师：在判断人民币的面值时，我们可以首先看数字，这是？

生：1。

师：然后我们要看人民币的单位，这是？

生：元。

师：我们就知道1元就是这个人民币的面值。

师：谁能来完整地说一说你认识1元的方法。（找2~3名学生说一说）

师：同学们，除了这种纸币的1元，你们还见过其他的1元吗？请拿出来。

生：硬币的1元。

学生拿出硬币并感知。

师：这种是圆滚滚的，而且材质比较硬，所以我们称之为硬币。

师：谁能来说一说你认识硬币1元的方法？

生：我看到了数字1和单位"元"。

师：纸币的1元和硬币1元的面值是一样的吗？

生：一样。

师：刚才我们已经认识了1元，那以"元"为单位的其他人民币你认识吗？拿出你们准备的人民币学具，把以"元"为单位的拿出来。

学生根据认知经验，动手操作，并拿出100元、50元、20元、10元、5元面值学具人民币。

（2）认识1角纸币（硬币）

师：我们认识了1元，那这是多少？

生：1角。

师：你们是怎么判断的？

生：因为上面有数字1和单位"角"。

师：你们可真聪明。这里的"角"也是人民币的单位。（板贴角）

师：和1元一样，1角也有另外一种。

学生拿出硬币1角感知并正反面观察认识。

师：除了1角以外，你们还知道其他以"角"为单位的人民币吗？拿出来自己认认看并和同桌说说你的发现。

生：2角、5角，拿出相应面值的纸币和硬币。

师：左边是纸币的2角、5角，右边是硬币的2角、5角。

（3）认识1分

师：这是？

生：1分、2分、5分。

师：这里的"分"也是人民币的一种单位。

小结：同学们，我们认识了人民币的三种单位：元、角、分，我们辨认人民币的步骤：一是看数字，二是看单位，单位最大的是元，稍小一点的是角，最小的是分。

师：同学们，我们已经认识了人民币，那人民币在我们的生活中有什么作用，你们知道吗？

学生发言。

师：人民币是我们生活的小帮手，起着非常重要的作用，所以在使用中我们要好好爱护它们。

理论应用研究：具身认知理论认为课堂教学需要以现实世界中的实物感知为载体，本环节的教学设计使学生在可触碰、可变化的人民币学具材料操作过程中，产生感同身受的学习体验。学生在这种活动中形成的体验要比抽象的数字符号更加切实深刻。

2. 拿一拿

师：同学们，你们认识人民币了吗？我们现在来玩一个游戏，我来说面值，请你们从小红包里取出相应面值的人民币。

师：同学们怎么拿这么快。

生：颜色。

师：是的，同学们，这些人民币的颜色相同吗？

生：不同。

师：其实我们也可以通过颜色和图案来认识人民币。

师：你们的表现真棒，可以帮我一个忙吗？

3. 分一分

师：同学们，桌面有点乱，你们能把它们分类放一放吗？请思考你是按照什么分的，再说出你分的结果。

（1）活动探究（两人一组，先交流再分类；说清你的分类标准是什么？）

（2）学生汇报，教师操作课件展示。

按质地分：硬币、纸币。

按单位分：元币、角币、分币。

小结：大家整理得都很好。

4. 换一换

师：为了养成存钱的习惯，老师准备再购买一个存钱罐，这个存钱罐价值1元。我手中有这么多钱，可是怎么付钱，愁坏老师了，谁愿意来帮帮我？

生：我愿意。

生1：10个1角。

师：同学们，他拿走了我一把钱，请你们帮我数一数。

生：10角（1元）。

师：还可以怎么购买？

生：2张5角。

师：居然还有这种方法。

师：无论你们怎样拿钱，你们都一共用了几角来买的？你们发现了什么？

教师根据回答板书：10角=1元，反过来说1元=10角。

师：元和角是可以互换的。

学习1角=10分。

师：那你们知道1角等于几分吗？（教师演示课件后，板书：1角=10分）

小结：同学们，你们的学习能力都很强，那你们能用今天学到的知识解决生活中的问题吗？

理论应用研究：游戏活动之所以深受儿童的欢迎，就是因为它能够给予学生丰富的身心感受，吸引他们积极愉悦地参与体验。由此可见，游戏活动是引导学生进行具身认知学习的有效途径。本环节在拿一拿、分一分、换一换的游戏中，让学生知道1元=10角，1角=10分和不同面值人民币之间的换算。学生在游戏的过程中产生深刻的具身认知体验，理解数学知识的含义，同时理解了面值相等的人民币才能够交换，培养了学生的动手操作能力和思维能力。

（三）情境体验，巩固新知

活动：超市购物（不同的商品不同的价格标签）

书本：7元；铅笔：1元5角；文具盒：12元3角。

拼图：6元1角；橡皮：8角；直尺：2元。

售货员：2名。

学生扮演顾客模拟超市购物活动。

理论应用研究：在这样的情境中，学生的具身认知的积极性可以得到有效的激发，从模拟购物活动中获得轻松愉悦的体验，在具身性体验活动中，教师可以适当地进行提示和指导，发布一些任务供学生思考，例如："购买3支铅笔和1个文具盒，需要多少钱？"以此来调控学生的活动过程，让学生在活动中获得轻松愉悦的体验，更好地巩固所学的知识。

（四）知识拓展及小结

回家与爸爸妈妈一起去超市体验用人民币购物的活动。

这节课你们有哪些收获？

【教学反思】

"认识人民币"是人教版一年级下册第五单元的内容，本节课主要是向学生介绍人民币的单位：元、角、分，让学生初步了解各种不同面值的人民币。通过对人民币的认识，一方面，学生初步知道人民币的基础知识和懂得如何使用人民币，提高社会实践能力；另一方面，学生加深对100以内数的概念理解，体会数学与生活的联系，为以后人民币的计算奠定基础。一年级学生年龄小，日常生活中不经常使用人民币，购物经验较少，对于人民币的特征，大部分学生没有直接的经验。因此，在本课教学中我们可以提前让学生认识人民币的特征，课上创设有关体验情境，在教师引导、点拨下，学生自主探索、合作交流，自己去发现、思考、讨论、展示，在这种亲身体验的情境中再次充分认识各种面值人民币。

针对教学目标和学生的实际情况，我设计了以下教学活动：

（1）采用日常常见的人民币引入，通过视觉感知激发学生的认知经验，同时创设生活中的购物场景，唤起学生平时的生活体验，从而引入认识人民币的课题。

（2）课程教学过程中按照人民币单位进行学习，先认识1元，学习认识人民币面值的方法，通过大额面值的巩固认识人民币的方法，同时突出材质不同但面值相同。再认识1角，将生活中常用的角按照认识的方法进行学习。随后进行1分、2分、5分的学习。在这个过程中，让学生动手操作，在可触碰、可变化的人民币学具材料操作过程中，产生感同身受的学习体验。

（3）通过拿一拿、分一分、换一换的游戏，巩固对人民币的认识，学生在游戏的过程中，产生深刻的具身认知体验，理解数学知识的内涵与意义，同时理解了面值相等的人民币才能够交换，培养了学生的动手操作能力和思维能力。

课后通过组内教师点评，结合自身感受，发现以下不足：

（1）关注学生在课堂上提出的问题，增强课堂的教学机制。在人民币的举起时，有2～3名学生举出错误币值，未能及时反馈，导致学生体验认知没有落实到位。

（2）教学过程的具身性游戏体验设计还有提升的空间。可以再设计一些群体参与的活动，吸引班级中的学生积极参与，充分体验知识应用的过程。

（3）模拟超市购物体验不充分。扮演顾客的学生自主选择购买的商品类型和数量，计算总价较慢，扮演收银员的学生需要根据对方购买的商品和支付的数额，计算找零是多少，这方面的知识应用还需要提高。

（本课例为山东省"十三五"规划课题《具身认知理论在小学低段数学教学中的应用研究》典型课例）

"克与千克"教学

【教学内容】

人教版数学二年级下册教材第八单元例1、例2。

【教学目标】

1. 认识生活中常见的秤并在实践活动中感知1克、1千克的物体有多重，了解克、千克的实际意义及1千克＝1000克。

2. 初步建立克、千克的概念，渗透数学模型思想。

3. 能进行简单的单位换算，会根据具体物体选择恰当的质量单位，培养应用能力。

4. 在实践活动中，培养学生的操作能力和解决实际问题的能力，激发学生的学习兴趣，感受数学与日常生活的密切关系。

【教学重难点】

1. 感受并认识质量单位：克和千克，知道1千克=1000克。

2. 培养学生估量物体质量的意识。

3. 建立1克和1千克的概念。

【教学准备】

课件、2分硬币、黄豆、食盐、1千克面条等物品。

【教学过程】

（一）创境引趣，激思迁移

（1）同学们逛过超市吗？瞧！小美和妈妈正在超市购物呢！（课件播放主题图中超市水果区域的情境）。谁来说说你发现了什么数学信息？

（2）对，像洗衣液、饼干、苹果都有重量，在数学上表示物品有多重叫作物体的质量。你了解哪些质量单位呢？（学生可能会说斤、两等）

（3）对，生活中我们也会用到斤、公斤等。为了便于国际交流，一般情况下我们用统一的质量单位：克与千克，今天我们就一起来认识它们。（板书：克与千克）

理论应用研究：具身认知理论关注身体感受、身体体验和情景交融等对于认知的影响，这个环节以具身认知理论为指导，以真实的课堂问题情境作为切入点，激活了学生的生活经验和数学思维，调动了学习兴趣。

（二）亲身实践，感知探究

1. 认识"克"

（1）借助生活物品认识"克"及其作用

教师出示一片口香糖、一包菊花茶、一袋瓜子的图片。我们一起来认识第一位朋友，大家来看图片，它们是什么？有多重呢？

生活中我们经常看到这些物品，根据你的经验，它们很重还是很轻呢？仔细观察它们都是用什么作单位的？

小结：计量比较轻的物品，常用"克"作单位，"克"也可以用符号"g"表示。多强调"板书：克（g）"

（2）掂一掂，感知1克

师：大家知道了口香糖重3克，菊花茶重12克，那你们想知道1克有多重吗？

1枚2分硬币就重约1克。

现在同桌之间手里有一枚2分硬币，请你们轮流掂一掂并记住1克有多

重。（注意硬币不能掉地上，不然小组会扣分）

（3）找一找，巩固1克的质量概念

我这里有1袋黄豆，我想知道1克有几粒黄豆怎么办呢？那你们知道用什么称称吗？

天平秤上有2个托盘，当天平左边的物体和右边的砝码不一样重时，天平就不平衡了。而物体和砝码一样重时，天平就平衡了。天平平衡时，指针就指向中间，如果身边没有砝码，我们也可以用游码来称重，我们一起来称一下1克有几粒黄豆。（播放称的过程）

那我来考考你们，请你们估一估下面的物品哪些比1克轻？

理论应用研究：具身认知关注学生身体在认知发展中的独特作用，倡导通过具体情境和从学生身边的事物入手来实现学生身心融合的体验式学习，结合学生的学习实际，通过掂一掂、估一估、找一找等学生感兴趣的活动，让学生充分认识了"克"。

除了1克物品，老师还给大家带来了其他以"克"为单位的物品，请你们掂一掂，请看操作要求。（小组合作，在学具筐里找到标有以上质量的物品，然后轮流掂一掂，说说感受）掂—猜—验证。

现在我就要考考谁是掂重量的小能手，我这里有几种物品，但是重量被遮住了，请你们掂一掂它们是20克、50克、100克还是200克的物品呢？（你的小手像一杆秤一样，真准）

2. 认识"千克"

（1）认识"千克"

看，老师又给大家带来了什么？找同学来掂一掂，和刚才掂的物品相比，你有什么感觉？如果我给你一箱苹果你用一只手能搬动吗？

小结：计量比较重的物品时，常用"千克"作单位，"千克"也可以用符号"kg"来表示。强调"板书：千克（kg）"。除了重量，我发现上面还写了净含量，净含量是什么意思呢？

小结："净含量"是桶里、箱里的物品的实际重量。

（2）感知1千克

师：像这么重的物品还可以用天平来称吗？那像以"千克"为单位比较重的物品用什么来称呢，我们一起来看一下（台称、弹簧秤、体重秤）。

小结：指针对着几，就是几千克。

师：我们刚才掂了以"千克"为单位的物品的重量，那么1千克的物品有多重呢？

请看操作要求：

（3）克和千克之间的关系

师：我这里有两袋食盐，你知道这两袋食盐有多重吗？那我有疑问了，到底是我的两袋食盐重还是你的1千克的面条重呢？

小结（板书：1千克=1000克）。

这两个1千克的单位一样吗？怎样读它能让别人听出来不同呢？

理论应用研究：具身认知强调生理体验与心理状态之间的强烈联系，关注学生的身体感受、身体体验和情境交互，借此告知学生数学与生活密切联系。重在引导学生体会测量的本质。

（三）巩固练习，应用拓展

1. 基本练习

读出下面物体的重量。

2. 提高练习

填上合适的单位名称。

3. 拓展延伸

（1）聪聪给姥姥的信。请同学们把信中不合适的单位名称修改一下。

姥姥：

您好，我已经8岁了，身体长得特别健壮，体重已达45克，每天早上能吃掉60千克的鸡蛋两个，250千克的牛奶一袋，中午可以吃掉100千克的馒头3个，晚上吃的更多，和爸爸妈妈一起能把将近1克的米饭吃光。

（2）等量代换

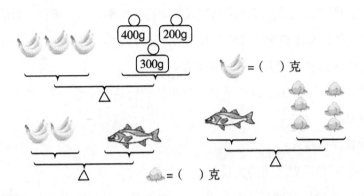

【板书设计】

克与千克

较轻　　　　较重

克（g）　　　千克（kg）

1000克=1千克

【教学反思】

人教版二年级数学下册第八单元《克与千克》，学生在日常生活中已经对质量的概念有了一些感性的认识，初步建立了质量的概念。具身认知理论作为心理学范畴的一种新方法论，小学低年级学生的知识面相对狭窄，由于其自身的年龄特点，具体形象思维占主导，学习新知识在很大程度上要靠具体形象、表象、动作进行思维。但是教材呈现给我们的是静态的知识，于是我从学生的生活经验引入教学，使学生感觉到数学就在自己的身边，真实有效地激发学生的求知欲望。将学生引入生活情境中，主动地分析、推理、想象、整理，充分发挥学生的潜能，使学生在合作互动的学习过程中掌握知识，逐步让自身获取"克与千克"的概念经验更加清晰。运用1克和1千克掂的感觉辨析物品，胜利拓展到比1千克轻或比其重的物品，估量、验证，水到渠成，培养学生的善于观察、动手操作和小组合作等能力。

（一）在生活情境中发现知识

为了让学生比较好地掌握"克和千克"这部分知识，并能在生活中运用。我在课前布置了任务：让学生到商店、超市等一些场所调查采集关于"克和千克"方面的信息，记录5个物品和它们的质量。通过实践，学生了解到很多商品上都标有质量，初步懂得轻的东西是用"克"来作单位的，重的东西是用"千克"来作单位的。

用最前沿的具身认知理论指导数学教学，培养和发展学生的数学思维能力，帮助学生形成新的认知，亦可有效地促进学生形象思维转化为抽象思维，学会动手实践、自主探索、合作交流的学习方式。本节课的一开始，学生先汇报自己收集到的知识，列举物品的重量，同时说出自己关于克和千克已经知道的那些知识。

（二）为学生提供"做数学"的机会

活动是认识的基础，智慧从动手开始，学生最能理解的是自己动手实践感受过的东西。"克"与"千克"这两个质量单位，虽然学生在生活中都直接或间接地接触过，但它们不像长度单位那样直观、具体，不能靠观察理解。为此，本节课重点也就是建立1克、1千克概念的过程，我主要立足于让学生动手体验感受，让他们亲身经历知识的发生、发展的全过程。

在建立1克的概念时，首先让学生用手掂一掂一个2分硬币，感受1克的重量，然后列举生活中哪些物品的重量大约是1克。在讲解1千克=1000克时，我出示一包500克的食盐，我问：1000克有多重呢？学生马上说两包食盐，让他们掂一掂，体会1000克有多重，接着我板书1000克=1千克。让学生想一想"生活中哪些物品的重量用千克作单位"，学生说自己的体重、一袋面粉、一袋大米等。通过一系列的活动，学生积极动手动脑，建立了"克"和"千克"的概念。

（三）拓宽学生体验的自由空间

学生对"克"和"千克"的认识如果仅仅停留在"1个2分硬币重1克""2袋盐重1千克"的认识上，是远远不够的。教学中，教师要发挥学生学习的潜能，调动他们的多种感官积极参与，拓宽学生的体验空间。在本节课中，在学生认识了1千克重的物品时，我让学生掂不同的重量为1千克的物品。在交流知识和思维碰撞的过程中，学生体会到同是1千克重的物品，有的体积大、有的体积小，从而拓宽了学生体验的空间。

"克"和"千克"的概念在学生头脑中的建立不是一蹴而就的，是经过学生眼睛观察、耳朵倾听、脑子思考、嘴巴表达、双手操作、心灵感悟等逐步建构而成的。通过具身认知理论的学习，学生真正实现创设激发学习的"情境场"、构建知识形成的"发生场"、构筑学生整理回顾的"反思场"，并把这个教学策略系统应用到日常教学活动中。由于学生是亲自体验后逐步形成的，因此它必将沉淀到学生的内心深处。

（四）在练习中巩固升华知识

练习题的设计形式多样、有趣，包括填合适的单位、估计物体的重量、连线等。学生兴趣浓厚、积极性高，运用所学知识解决问题，进一步巩固和升华质量的概念，在手、脑等各种感官的相互作用下，学生感受数学的乐趣，体会数学与生活的联系。在本节课中，由于大量的活动，课堂秩序不够井然有序。学生对本节课的内容兴趣很高，常常在教师还没有说完活动规则时就急不可待地行动起来，影响了活动的效果。让学生理解1000克=1千克是本节课的一个重点，在训练中应该更扎实一点。在今后的教学中，我一定会多注重学生行为习惯的养成，培养孩子细心倾听的良好习惯。

虽然"磨课"多次，但本课仍存在不足：

（1）教学中介绍天平时，设计的是让学生录视频讲解天平，但此处目的不明确，应再规范一下目的要求。

（2）在活动操作中掂20克、50克、100克、200克的物品时，活动要求应再规范一些，可改成质量大约是多少？在此之前还应该向学生做个示范，先找一名学生示范，经过先猜一猜，再掂一掂，再验证，最后再掂一掂的过程。

（3）在引入洗衣液认识千克时，洗衣液在后续教学中可以再用一用，让学生大胆猜一猜，刚才掂的洗衣液有多重。

（本课例为山东省"十三五"规划课题《具身认知理论在小学低段数学教学中的应用研究》典型课例）

"观察物体"教学

【教学内容】

青岛版二年级上册第七单元教学内容。

【教学目标】

1. 能够根据具体实物、照片或直观图，辨认从不同角度观察到的简单物体。

2. 通过观察、比较、辨认、想象等活动，学生能够运用"从不同方向观察物体的观察方法"辨认物体，体验从不同方向观察物体获得不同观察结果的过程和方法，发展直观思想和初步的空间观念，培养观察力和想象力。

3. 通过交流、描述从不同方向观察物体的样子，感受观察物体与生活的密切联系，提高对数学学习的兴趣。

【教学重难点】

教学重点：根据具体实物、照片或直观图辨认从不同角度观察到的简单物体。

教学难点：辨认从侧面观察到的简单物体。

【教学准备】

教具：多媒体课件、布老虎、贴图。

【教学过程】

（一）创设情境，激发兴趣

师：请同学们仔细看大屏幕，根据老师拍的照片猜猜看，它是什么？

生1：瓶子。

生2：小兔。

播放图片，揭示答案。

小结：同一个物品，为什么拍出来的照片不一样呢？

观察时站的位置不同，看到的样子也就不同。这节课我们就试着从不同的位置观察物体。（板书：观察物体）

理论应用研究：从生活入手，创设情境，依托学生已有的认知经验，利用电子设备辅助教学，激发了他们的学习兴趣，使学生初步感知从不同角度观察，看到物体的样子不同，并顺势引入课题。

（二）直观感受，探究新知

1.观察情境图，了解观察方位

师：瞧，他们是谁？在干什么？

学生观看课件。

师：他们是怎样观察的？

生1：他们是站在老虎的前面、后面和侧面观察的。

生2：小红站在老虎的前面，小刚站在老虎的后面，小丽站在老虎的侧面。

师：猜想一下他们看到的老虎可能是什么样子？学生想象。

2.角色扮演，观察体验

（1）本位观察

师：现在从桌洞里请出布老虎，让它面对黑板坐好。你能告诉布老虎，你坐在它的哪一面吗？那你看到的它是什么样子的呢？观察好了，跟小组同学说一说。注意要说清楚：你站在布老虎的哪一面，看到的布老虎是什么样的。

学生观察后，在组内交流。

生1：我坐在布老虎的正面，看到了它的额头上有一个"王"字，两只大眼睛、两只大耳朵、鼻子、嘴巴和胡须，还能看见两条前腿和竖着的尾巴。

生2：我坐在布老虎的后面，看到了它的大屁股、向上翘的尾巴、两条后腿和两只耳朵。

生3：我坐在布老虎的侧面，看到了布老虎的一只耳朵、一只眼睛、一面胡须、一条前腿、一条后腿以及背上的斑纹。

师：为什么观察的是同样的布老虎，大家刚才说的却不一样呢？

生1：他们看到的不一样。

生2：他们站的位置也不一样。

小结：坐的位置不同，观察到的布老虎的样子就不同。

（2）换位观察

师：刚才我们坐在自己的座位上，只看到了布老虎的一面，现在听老师口令，全体起立。请每组同学按照顺时针的方向（教师做手势表示）走到本组的下一个座位上去。你们现在看到的布老虎的形状和刚才一样吗？那你现在看到了布老虎的哪一面？

师：为什么大家现在看到的和刚才的不一样呢？这是怎么回事？（学生讨论、交流）

小结：对！原来我们换了座位，位置发生了变化，观察的角度也不同了，所以看到的布老虎的形状也不一样了。

（3）全面观察

师：同学们想不想到下一个位置观察布老虎？好，那按照刚才的规则，来顺时针转。

师：你在哪个位置观的？和刚才看到的一样吗？

师：猜猜对面看到的是什么样的？

重点分析：两个侧面。

师：你们看到的两个侧面的样子一样吗？

用你的小手帮忙，指一下虎头的方向，是哪只小手在帮忙？你看到的是哪个样子？（贴图）

请对面的学生也用你的小手帮忙，指一下虎头的方向，是哪只小手在帮忙？你看到的是哪个样子？（贴图）

看来观察的位置里还隐藏着规律呢：相对着的两个人，看到的形状和方向是相反的。

师：刚才我们转了一圈，换座位观察了布老虎，如果想看清楚每一面，还有什么好办法？

生：把布老虎转一圈，也可以看到它的每一面。

小结：要想看清布老虎的每一面，我们既可以围着布老虎转一圈，也可以让布老虎自己转一圈。同一个物体，从不同的角度观察，看到的形状也不同。要想全面了解物体的样子，我们有必要进行全方位的观察。

理论应用研究：以小组合作的形式探究全面观察的方法——换位观察。明确换位观察可以围着物体转一圈，也可以通过转动物体看到它不同的面。这是第一环节的递进，让学生经历一个从静态到动态、从片面到全面的过程，感知正确、全面、有序的观察方法。

3. 由物到图，抽象感知

师：刚才我们从前面、后面、侧面亲自观察了，都了解了布老虎的样子，那图中4位小朋友看到的布老虎到底是什么样子的呢？请你换位思考，摆摆看。

师：在刚才的左摇右摆中，其实我们已经用了非常科学的方法来观察：换位思考。

（三）拓展应用，发展思维

（1）下面的3张照片，分别是在小狗的哪面拍的？

学生看课件（见图）独立思考后，同桌交流。

（2）开来了一辆汽车，同学们都很好奇，围着这辆汽车，想看个究竟。
他们分别看到了汽车的哪一面？仔细观察，连一连。

（3）观察小猪存钱罐。

师：观察图片，他们分别看到了什么？谁的位置最好判断？把你的好
方法分享给大家吧！

（4）优选方法：筛选法，有效选择。

师：除了可以从前面、后面、侧面观察，有时我们还会从上面观察。
判断分别是谁看到的。

学生判断。

两个侧面观察的样子完全一样吗？这两幅图分别是谁看到的？

师：观察两幅图，你有什么发现？

生1：两个人看到的不一样。

生2：两个人看到的相反。

小结：虽然都是侧面，但是看到的样子却不一样，而且方向相反。

（四）总结收获，积累经验

师：这节课，我们从不同位置观察了物体，说说你有什么收获？

引导学生从知识、方法、情感等多方面进行总结。

生1：我知道了从不同的位置观察，看到的样子也不同。

生2：我看到了一些不一样的图片，原来数学也很美。

小结：生活中我们随时会用到观察，学会观察，你就会对事物了解得
更全面，有时还会发现数学的另一种美。课后请大家选择生活中其他的物
体，从不同的位置去观察，看看有什么不同。

理论应用研究：通过全面回顾梳理，让学生在获得数学知识的同时，积累一些基本的数学活动经验，加深对所学内容本质的理解和深层次的思考，培养自我总结反思的能力，同时引导学生用数学的眼光观察生活，感受数学与生活的密切联系，激发学习数学的兴趣和热爱生活的情感。

【板书设计】

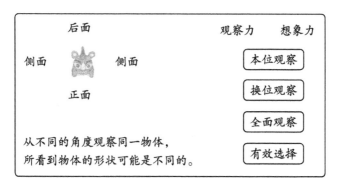

【教学反思】

具身认知理论主张认知是知识、环境和身体三者相互作用的结果。因此，在设计本节课时，我通过一个具体的情境图引发猜想——通过换位观察实际感知——交流理性认知，再结合课件给出的四个方向观察图，让学生判断四种形状究竟是谁看到的。通过这样的教学活动，学生认识到，从不同的角度观察同一物体，看到的物体的形状可能是不同的，并让学生初步体会局部与整体的关系。

（一）整合相近知识

在备课时发现青岛版教材是三面观察，一个侧面，相对二年级的孩子来说基本能够理解，比较简单，所以融合了人教版的理念改编成了四面观察，增加了辨识度和思考力，增加了数学趣味。

（二）重视直观经验

通过亲身感受、换位观察、小组合作交流，经历从不同的位置观察物体的过程，体验观察方位不同，结果也不同。在此基础上判断四个图分别是谁看到的，学生很容易由形象思维过渡到抽象思维，这样的直观经验更易培养学生的空间想象力。

（三）关注学习方法

以小组合作的形式探究全面观察的方法——换位思考。让学生经历一个从静态到动态，从片面到全面的过程。在完成练习题目中，引导学生优先选择观察位置，感知科学、有序的数学学习策略和答题技巧，让学生了解方法的学习比知识本身更重要。

具身认知理论强调身体在认知过程中的作用，突出生理体验与心理状态的联系，本节课让学生经历观察、操作、思考等活动，充分调动视觉、触觉、听觉等感官体验，从身体体验到数学思考，从知识建构到心理发展，发展学生的数学思维，提升数学思维品质。

（本课例为山东省"十三五"规划课题《具身认知理论在小学低段数学教学中的应用研究》典型课例）

"一个数乘分数" 说课

尊敬的各位评委、老师们，大家好！今天我说课的题目是《一个数乘分数》，我打算从教材、教法学法、教学过程、板书设计四个方面加以说明。

首先，我对本节教材进行一些分析：

【说教材分析】

（一）教学内容：课本图

本课教学内容是青岛版小学五年制，五年级上册第三单元《小手艺展示——分数乘法》第二个信息窗 "一个数乘分数" 这部分知识。

（二）教材所处的地位和作用

"一个数乘分数" 属于第二学段，数与代数领域中数的运算的教学内容，是在学生学习了整数乘法、分数的意义和基本性质、分数加减法以及约分等知识的基础上进行教学的。本单元所学内容属于分数中的基本知识和技能，这些知识不仅可以解决有关的实际问题，而且是后面学习分数除法、比、分数四则混合运算以及百分数的重要基础。信息窗二 "一个数乘分数" 是在信息窗一 "分数乘整数" 的基础上学习的。一个数乘分数，实际上包括整数乘分数和分数乘分数两种情况。但它们的意义都可以概括为求一个数的几分之几是多少，这是教学的一个重点，也是难点。在教学这部分内容时，应切实让学生理解一个数乘分数的意义，掌握计算方法，为后续学习打好基础。

【说教学目标】

知识与技能目标： 使学生理解一个数乘分数的意义和一个数乘分数的算理，掌握一个数乘分数的计算方法。

方法与过程目标： 结合生活经验和直观图示，理解一个数乘分数的意义，通过动手操作和观察，学生能够理解分数乘分数的算理，探索分数乘分数的计算方法，培养学生的操作能力和推理能力。

情感与态度目标： 在经历分数乘分数的意义和计算方法的探索过程中，渗透数形结合思想，并使学生获得成功的学习体验。

【说教学重难点】

教学重点：一个数乘分数的意义及计算方法。

教学难点：理解一个数乘分数的算理。

为了突出重点、突破难点，更好地完成教学目标，我在教学中采用多媒体课件，这样直观易懂，在教学前我为学生准备了长方形纸条，并让学生准备好直尺。

【说教学准备】

多媒体课件、长方形纸条、直尺。

为了讲清重难点，使学生能达到本节课设定的目标，我再从教法和学法上谈谈。

【说教法学法】

新课程标准指出，教师是学习过程的组织者、引导者、合作者，遵循这一理念，根据本节课的特点，在教学过程中我计划采用情境教学法、直观教学法。

（一）教法

情境教学法：新课程理念倡导数学教学来源于生活，而又应用于生活。在教学过程中我打算直接出示信息窗二提供的情境图获取信息，通过提出问题引出对一个数乘分数的学习，并在具体情境中理解一个数乘分数的意义和计算方法，这也是解决实际问题的需要，突出了数学与生活的联系。

直观教学法：现代教学论认为直观教学法之所以必要，是由于学生缺乏直接经验，对知识的理解总是建立在对事物感知的基础上。教学富于直观性，可以有效帮助学生更好地理解一些抽象的东西和道理。一个数乘分数的意义和计算方法既是本单元教学的重点，也是难点。为了让学生理解"一个数与分数相乘，就是求这个数的几分之几是多少"，教学时通过直观图示，帮助学生直观地感受到1/4 × 1/2就是求1/4的二分之一是多少。并利用直观图示帮助学生探索与理解分数乘分数中积的分子、分母与两个因数的分子、分母之间的关系，感知"数形结合"的数学思想。

（二）学法

学生作为主体，在学习过程中的参与状态与参与度是决定教学效果的重要因素，因此在学法指导上我采用动手操作、自主探索和合作交流的方式。

数学课程标准指出："数学教学是数学活动的教学，是师生之间、学生之间交往互动与共同发展的过程。"这一理念说明，小学生学习数学是一个主动建构知识的过程，学生学习数学的过程不是被动地吸收课本上的现成结论，而是一个亲自参与的丰富且生动的思维活动。学生记住分数乘分数的计算法则并不困难，但理解分数乘分数的算理比较困难。另外，学生容易把分数加法与分数乘法的计算混淆，所以要通过多种练习形式帮助区分。

因此，本课教学中主要运用了探究式学习，通过动手操作、自主探索和合作交流的方式学习分数乘法。

如学习分数乘分数的计算方法不是简单地告诉学生分子乘分子、分母乘分母，而是让学生通过画一画、看一看、想一想、练一练等一系列的操作活动，自己去做、去悟、去经历、去体验，充分理解算理，探究计算方法。这样不仅有利于加深理解分数乘分数的意义，而且为解决一些实际问题做好充分的准备，比单纯掌握计算方法再熟能生巧肯定更有意义。

【说教学过程】

现在我具体谈谈这节课的教学过程。我把本节课设计成四个环节：

第一环节：创设情境，提炼问题

新课伊始我直接出示课本信息窗引入：同学们，在生活中，你们一定有自己擅长的小手艺吧？王芳同学是她所在班级的手工编织能手，她每小时能织围巾1/4米。

根据这个信息，你能提出什么数学问题？

（估计学生会先提如2小时织多少米或3小时织多少米之类的问题，我要及时引导：如果织的时间不够一小时呢？学生因此有可能提出如1/2小时织多少米或2/3小时织多少米等，我根据学生的提问适当选取，多媒体课件出示本节课所要解决的问题，由此引入新知。）

设计意图：主要利用课本信息窗快速创设情境，并根据学生回答选取有价值的问题，为后面有意义的探索留足时间。

第二环节：引导探究，建构新知

1. 学习一个数乘分数的意义

（1）结合问题列式

咱们先来看第一个问题：2小时可以织多少米？怎样列式？为什么这么列？（板书：$1/4 \times 2$）

（学生可能说：每小时织的米数乘以几小时就等于一共织的米数，也可能说工作效率乘工作时间等于工作总量，都可以。）

接着我追问你能说说$1/4 \times 2$这个算式表示什么意思吗？这里结合整数

乘法的意义与分数乘整数的学习，运用类推、迁移方法，学生不难理解"求2小时织多少米就是求1/4的2倍是多少"。

为了帮助学生很好地理解算式意义，在这个教学过程中我让学生动手折一折、画一画，并出示要求：

① 折一折、画一画，在长方形纸条上表示出每小时1/4米。

② 画一画，在长方形纸条上表示出2小时织多少米。

学生完成汇报，课件演示。

首先在长方形纸条中折出1/4米并画斜线，然后我问这是几小时织的，学生会异口同声地说："1个小时。"我接着再问1/4 × 2怎么在图形上画出来呢？根据分数乘整数的意义，学生很容易表示出来。请2～3名学生说出1/4 × 2表示的意义。（板书：求1/4的2倍是多少）

（2）接着解决第二个问题，巩固算式表示的意义

师：想一想该怎样列式？根据第一个问题解答时应用的数量关系，学生很容易列出算式。（板书：1/4 × 1/2）

追问：这个算式表示什么意思呢？

许多同学感到很困惑，他们利用原有的知识就不好解释了，引导他们动手折一折、画一画，学生很容易表示出1/4米，当再画1/2小时能织多少米的时候，学生可能会感到无从下手。我适时引导，1/2小时就是1小时的多少？（学生很容易说一半）所谓一半也就是阴影部分的多少？（学生回答1/2）让学生再涂上阴影的1/2。

教师实时课件演示：结合刚才的折一折、涂一涂让学生试着说1/4 × 1/2表示什么意思，学生可能回答表示求1/4的1/2倍是多少，教师这时结合实际说明，当倍数大于1时，通常说成几倍，当倍数小于1，不够一倍时，通常说成是几分之几。这里学生就很容易说出1/4 × 1/2表示求1/4的1/2是多少。然后找2～3名学生说说，同桌结合图形说说，巩固算式表示的意义。（板书：求1/4的1/2是多少）

（3）学生独立自主解决第三个问题，总结一个数乘分数的意义

根据问题列式。（板书：$1/4 \times 2/3$）刚才$1/4 \times 1/2$这个算式的结果我们已经会表示了，那你能想办法再表示出2/3小时织的布是多少米吗？

学生自己动手做，做完与同桌交流，并说出$1/4 \times 2/3$表示的意义。

（板书：求1/4的2/3是多少）

小练习：

我们已经知道$1/4 \times 1/2$、$1/4 \times 2/3$所表示的意义，如果是$1/4 \times 2/5$呢？

你能再举个例子吗？学生举例并说意义。

最后总结一个数乘分数的意义。（板书：一个数乘分数就是求这个数的几分之几是多少）

设计意图：这一部分是本节课的重点。在教学过程中我采取问题情境，让学生动手操作，适时引导，并根据具体情境采取多媒体直观形象教学演示法，这样既培养了学生的动手操作能力，也渗透了数形结合的思想，使一个数乘分数的意义跃然纸上。

2. 探索分数乘分数的计算方法

设疑让学生思考交流：

（1）我们明白了这两个算式表示的意义，那你知道它们的得数吗？

（2）你是怎么知道的？

（3）你能说说不看图的时候如何计算吗？

根据学生的交流适时板书。

本环节如果将分数乘法的计算法则直接告诉学生，他们也能进行相关的计算，但这样的学习无疑是无源之水、无本之木。本环节的教学注意引导学生在充分理解算理的基础上，经历探究分数乘分数的计算方法的过程。结合刚才的操作过程，请学生观察$1/4 \times 1/2$、$1/4 \times 2/3$的结果分别是多少，并重点让学生说说是怎样根据图示观察得到的。然后让学生观察积的分子、分母与两个因数的分子、分母有什么关系，小组讨论，汇报交流发现：两个分数相乘，积的分子是两个因数的分子相乘的积，分母是两个因

数的分母相乘的积。此时，我结合多媒体直观图，进一步帮助学生理解算理，也就是分数乘分数，积的分子和分母乘出的过程。

（4）明确最后结果要化成最简分数。

（5）验证：要想知道我们1/4×1/2、1/4×2/3总结出来的计算方法是否适合任意两个分数相乘，我们还需要举例验证一下，让学生任意举例，教师适时（小板书如：2/4×2/3、3/8×2/3）让学生用长方形的纸条折一折、画一画，最后计算出结果。这样设计既巩固了分数乘分数的意义，又巩固了算理。

设计意图：在交流时除了让学生讲述自己操作的过程，还让学生自觉总结分数乘分数的计算方法：分子和分子相乘的积作分子，分母和分母相乘的积作分母。计算时能约分的要约分，结果要化成最简分数。

通过举例订正规范格式。渗透为了计算简便，也可以先约分再乘。

第三环节：反馈提高，巩固计算

（1）出示绿点标示的问题。先让学生自主完成，交流时学生相互评价。

（2）自主练习1～4题。

设计意图：在练习反馈中，关注学生对算式意义的理解深度和计算水平。

总之，本课教学设计遵循了学生学习数学的心理规律，从学生现实生活情境出发，让学生亲身经历将实际问题抽象成数学模型的过程，进而加深学生对数学的理解，在思维能力、情感态度与价值观等方面得到了进步和发展。

第四环节：总结反思，深化认识

通过这节课，你有什么收获？学生自由谈。

教师总结：是啊，我们不仅知道了一个数乘分数的意义，还研究了它的计算方法，这就是我们这节课研究的"一个数乘分数"（板书课题：一个数乘分数）。

【说板书设计】

最后我来说说本节课的板书设计，根据本节课的教学内容，这样的板书设计能突出重点，既直观又形象，能达到事半功倍的效果。

一个数乘分数

（贴图）　　1/4×2　　　　　　　　　　　　　　求1/4的2倍是多少。

（贴图）　　1/4×1/2=　　　　1/8　　　　　　求1/4的1/2是多少。

（贴图）　　1/4×2/3=　　　　2/12=1/6　　　求1/4的2/3是多少。

一个数乘分数就是求这个数的几分之几是多少。

【说教学反思】

本次说课，从说课环节、教法、学法的敲定，我细致研读了课程标准及教师用书，纵观本知识点在分数计算教学中的作用，结合本节课知识的重难点，说课中我注重情境教学及直观教学的方法应用，让学生在熟悉的情境中引入抽象知识的学习，提高学生用数学的眼睛观察现实世界的能力，结合直观教学法的使用，让抽象的计算直观形象地展示在学生面前，促使学生更好地理解算理，进而掌握计算方法。在学生学习方法上，我创设了让学生动手操作的设计活动，让学生在分一分、涂一涂、画一画的操作过程中，加深理解分数乘分数的意义，把抽象的概念及计算法则可视化，为后续学习解决生活中的实际问题打下基础。

本次参赛虽然是以说课形式呈现，没有课堂实战，但每个环节也都预设到了学生可能出现的问题，得到了评委的高度认可，希望在落实到课堂教学中时能达到预期的效果。

（本课例为2010年区教学能手说课评选活动课例）